校本教材

文星小小创客+
美术

主　　编：陆彩萍　韩　斌
副主编：许国英　朱华萍
　　　　贲伟锋　蔡　娟
参编人员：周金芳　黄　芳　王露苇
　　　　　王　喆　喻苏培　吴　一
　　　　　杨　滔　李亚南

苏州大学出版社
Soochow University Press

图书在版编目(CIP)数据

文星小小创客+美术 / 陆彩萍,韩斌主编. —苏州：苏州大学出版社,2017.5
 ISBN 978-7-5672-2109-3

Ⅰ.①文… Ⅱ.①陆… ②韩… Ⅲ.①美术课－小学－教学参考资料 Ⅳ.①G623.753

中国版本图书馆 CIP 数据核字(2017)第 093249 号

文星小小创客+美术

陆彩萍　韩　斌　主编

责任编辑　方　圆

苏州大学出版社出版发行
(地址：苏州市十梓街1号　邮编：215006)
苏州市立达印务有限公司印装
(地址：苏州市吴中区胥口胥江工业园上供路　邮编：215164)

开本 787 mm×1 092 mm　1/16　印张 6.5　字数 130 千
2017 年 5 月第 1 版　2017 年 5 月第 1 次印刷
ISBN 978-7-5672-2109-3　定价：48.00 元

苏州大学版图书若有印装错误,本社负责调换
苏州大学出版社营销部　电话：0512—65225020
苏州大学出版社网址　http://www.sudapress.com

序

  我和本书编者"中之教育"的韩斌相识于世界创客教育联盟活动,是联盟的同事。我们为了同一个目标,基于教育的力量,加强基本的技术与工程教育,产学紧密合作,以全新的创新创业思想与方式,去实现"一个火把点燃更多的火把,一片热情催生更多的热情,一份创新引发更多的创新"的使命。

  人生不息,奋斗不止。韩斌与时俱进,不断朝着更伟大的理想践行,他集中13年来积累的资本,全身心地投入中之教育的创办中,为提升中国基础教育,从知识传承到知识创造的转变,将应试教育转型为创新教育,奉献着自己的全部智慧与力量,为早日实现教育强国、创新强国添砖加瓦。

  创客教育的推行,对于"育人"的理念有极大的帮助。现实的中国教育以分为本,不少学生在考试排名中表现不俗,但这能够说明培养人才的成功吗?美国和英国在学术研究、科学专利及发明创新等方面,一直扮演着引领全球的角色,著名的李约瑟(英国学者)命题提出,"中国在古代对人类科技发展做出了巨大的贡献,可是为什么科学与工业革命并没有在近代的中国发生?""钱学森之问"也说道:"为什么我们的学校总是培养不出杰出的创新人才?"两位大家所提出的问题,反映了中国教育尚缺乏培养创造发明型人才的有效模式,也反映了社会缺乏鼓励创新型人才脱颖而出的机制。正因这样,借着创客运动的东风,创客教育一经提出,便受到了关注。

  创客教育,是一种基于创造性实践活动的教育模式,亦为一类创新教育。它以学习者的创客活动为起点,可应用于所有的学科,并强调面向创客活动的跨学科合作,用一种创新的教育方式去引导、支持学习者的创客学习,从而诱发、增强学习者的创造潜能,这也是创客教育的最终目的。

  本书与美术学科相结合,并融合了语文、品德与生活、品德与社会、音乐、数学等学科,内容适合小学阶段的孩子,旨在通过创客式的创新教学课程,让孩子们在玩中学,学中玩,跨学科融合,寓教于乐,将传统的纸上作画转化为立体的作品。该课程在教育领域中更为注重人文素养的提升,为了迈向联合国科教文组织所提出的四大教育支柱"学会求知、学会做事、学会共处、学会生存"目标,特别对创客的能力进行概括总结,创客教育培养的不仅是学生的创新能力,还升华到学生可以通过学习来改变和创造未来的生活。这些能力主要包括:观察能力、自发探索的能力、解决问题的能力、创新能力、动手能力、沟通能力、团队合作能力、情感能力、思考能力、终身学习能力等。由学校创客教育活动联动家庭,推动家庭创客行动,让学校与家庭成为创客成长的摇篮,使亲子创客成为新的家庭生活方式。

  传统教学以"教师为中心、课堂为中心、教材为中心",而创客教育是以"学生为中心、练场为中心、活动为中心"。中之教育的老师与文星学校的老师,遵循陶行知先生提出的"行动是老子,知识是儿子,创造是孙子"的逻辑,回到原点,融入社会和产业,重视科学实践,一起做maker space(创客空间),为培养二十一世纪创新人才而努力。

  本书有助于目前校园创客教育的推进。我们期待受本书启发的一线教师在创客教育实践中有新的心得总结。祝愿中国的创客教育在职场与校园的结合下展现勃勃生机!

李建中
北京交通大学教授、博导,联合国教科文组织产学
合作教席主持人,世界创客教育联盟理事长

当美术遇见创客，激活了奇思妙想的种子

在纸上、地上、墙壁上涂鸦，画出自己喜欢的样子，用橡皮泥捏出各种形状——这是孩子的天性。但是，在求学的过程中，面对大堆的作业和考试，孩子对学习逐渐失去兴趣，创造力和创新精神也慢慢变弱。而创客教育将改变学生的学习方式，弥补标准化教学和测试对学生个性化发展带来的伤害，用一种新的方法鼓励创造和创新——运用最前沿的技术来创意设计、制作、分享和跨时空学习，如我们结合的是3D打印技术和三维创意软件。

苏州高新区文星小学校以"让每一位师生个性飞扬，幸福健康成长"为办学目标，积极创建"传统文化与现代文明交融"的教育品牌，努力办人民满意的教育。美术是文星小学的特色课程之一。有一天，编者在校园一角看到了孩子们富有创意的地面画，想到如果孩子们创意有更好的表达方式该多好啊！刚好2016年有幸参加了苏州电教馆的创客培训活动，与同在苏州高新区的中之有限公司碰撞出了创新的火花，于是共同开发出这套与美术课程相结合的创客校本课程。孩子们不仅可以如往常一样进行平面绘画，还通过该创客课程创作很多立体美术作品，奇思妙想让孩子们享受到了创客美术的快乐！

创客教育的教学核心是以学生为主体，教师为引导者，强调学生自主知识建构。创客老师授课，首先是创设一个学习情境，让学生产生兴趣，乐于"Try"，勇于主动探究与实践，情境包括创设问题情境、生活情境、故事情境等。接着是简单任务模仿，使学生有一个基本的创作概念，便于任务扩展探究与实践。探究与实践让学生运用学习资料与媒体对未知概念进行自主研究学习，并创作出个性化的作品。最后由学生用独特的方式展示及分享其创意的点子及解决方案等。创客老师在授课过程中把课堂变成一个充满活力的场所，鼓励学生设计制作个性作品，改造现有物品，讨论分享创意点子，碰到困难团队讨论解决。与普通教学的不同之处是更注重孩子们的综合能力，如动手能力、沟通能力、团队合作能力的提升。作品更注重美学，体现出个性化学习、3D打印技术、学生自己掌控学习等特色。通过系列课程探究，孩子们能够学会认知，学会做事，学会共同生活。

在文星，你会感受到新课程改革背景下校园缤纷生活之乐，你会欣赏到孩子自主创作的兴奋之态，你会领悟到师生及家长们共同发展的和谐之美……这是对校园生活热爱的心声，这是对童年生活爱恋的倾诉，这是对前景美好的憧憬……

相信文星的孩子未来一定是一个个充满智慧的生命，一颗颗璀璨的创客之星。

等级难度说明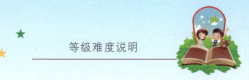

等级难度说明

　　本书是根据苏州高新区文星小学校的特色,特意编写的与美术课程相结合的创客创新课程教学课本,适用于创客教育入门和初级阶段的小学生。

　　第一单元"神奇的3D打印",从3D打印的起源开始,结合现实生活中的实例和科技前沿信息,让学生通过理论和实践的结合对3D打印技术有全面、深入的理解和认识。

　　第二单元"3D打印笔",从入门级的3D打印技术应用——3D打印笔开始,教授中低年级(1~3年级)的学生通过简单的三维模型创作,深入了解三维立体概念,体验3D打印的神奇。课程由浅入深,从简单的平面图形拼接到模仿制作实物,让学生的思维逐渐从平面艺术转向三维艺术。

　　通过第二单元的学习,学生观察能在平面图形后在大脑中形成多维的立体图形,在此基础上,开始学习第三单元使用LOONGO软件的建模课程。本单元从LOONGO软件操作讲解入手,只简单讲解了部分功能内容,还有很多神奇的效果等待老师和学生共同发现。课程安排由浅入深,分模块进行,软件总共分为形状设计、角色设计、玩具设计、齿轮设计和涂鸦五大部分,老师可根据学生需求挑选相应的模块课程进行授课。

　　每一节课程都有相应的难度等级标识,中之有限公司提供的创新创客课程系列总共分7个等级。本书依据以3D打印笔和LOONGO软件为基础的创作,课程难度区间为1~4颗星。

　　3D打印笔的课程适用于1~3年级学生,难度区间为1~3颗星,从简单的平面变立体作业到自主创新作业逐步提升难度。

　　LOONGO软件的课程适用于3~5年级学生,难度区间为1~4颗星,从简单的模块搭建到自主创新作业逐步提升难度。

　　所有课程的难度提升除了内容难度以外,还包括学生综合能力的提升:从简单的团队合作意识到解决团队出现的问题,从自我管理到团队管理,从简单任务到项目设计,从自由表达到完成路演。建议老师在授课时,不要只关注课程内容,还要注意从提升学生综合能力出发,设计引导内容和创新授课方式。

多学科融合的创客教育

创客教育课程不是一门单一学科课程,而是融合了多种学科的跨学科课程。从美国的创客教育来看,多以融合 STEAM 学科(Science, Technology, Engineering, Art and Mathematics)为主。中之有限公司设计的创客创新课程除了融合 STEAM 学科,还结合中国教育的特色,依据不同年龄层学生的特点,融合了国内课标体系中的综合素养部分,倾力打造适合国内 K-12 阶段学生的创客课程体系。

本书融合了语文、品德与生活、品德与社会、艺术、音乐、美术、数学等学科,旨在通过创客创新课程的学习,学生能对所学内容学以致用,将理论转变成实践,将创意想法转化成现实作品。中之有限公司设计的创客创新课程特别注重学生人文素养的提升。为了解决联合国科教文组织提出的教育的四个支柱,即学会求知、学会做事、学会共处、学会生存,中之有限公司对创客的能力进行概括总结,这些能力有别于其他创客课程,培养的不仅是学生的创新能力,而且升华到学生可以通过学习来改变和创造未来的生活。这些能力主要包括:观察能力、自发探索的能力、解决问题的能力、创新能力、动手能力、沟通能力、团队合作能力、情感能力、思考能力、终身学习能力等。

建议老师在创客教育授课时,不仅要关注单一的创作内容,还要融合国内外先进的知识,真正将创客课程设计成跨学科、多能力培养的课程,让学生真正能从本课程中获得将来面对社会时所需要的各项能力。

评价体系使用说明

创客教育有别于应试教育,在评价体系方面,它更加注重于质性评价,而非传统的量性评价。创客教育运用具有发挥创意设计特色的评价体系,探索适应创客教育目标的评价方法,对传统量化评价进行反思和革新。没有最好,只有更好,追求无限!

本教材评价体系分为教师评价与学生自我评价两方面。其中教师评价结合创客授课模式,以小组为单位进行评价;学生自我评价以个人为单位,对每个课题中的自我表现进行评价。

教师评价采用量性评价与质性评价相结合的方式。量性评价针对学生上课综合表现进行量化评价;质性评价主要是老师从客观角度出发,对自己观察到的情况进行概况性描述和建议,并表达出对学生的期望,以寄语方式呈现。

创客课中同一个课题包含多个课时,评价时以一个完整课题中学生的综合表现来进行,具体包括团队的协作、实践操作、创造思维、学习能力、参与情况、逻辑思维、学习成果、分享展示和自我管理九个方面,分为 25 小项,每个小项约占 4% 的比重,具体按照评价表中的评价标准执行。小组成员在整个课题中的表现,涉及具体事项中描述的一点,即为"体现"。例如:A 组同学在实践操作中,每个成员都有自己要做的事情,各司其职,当甲成员遇到困难时,其他成员及时帮助并解决,即较好地体现了团队协作中的 1、2、4 项,可根据困难大小、帮助解决的程度,给予评定 15.1~16 分。

项目	评价说明	评分(分)	评分标准	教师评分
团队协作	1. 任务分工合理,有效利用资源(时间和耗材); 2. 组长和组员之间相互积极配合,积极参与小组讨论; 3. 遇到困难能主动和组员或老师沟通与交流,认真思考,努力完成任务; 4. 有集体荣誉感,互帮互助,共同努力完成小组任务。	16	体现≥3 项　　15.1~16 分 2≤体现<3 项　13.1~15 分 1≤体现<2 项　11.1~13 分 0≤体现<1 项　10.1~11 分	

考虑到低学龄学生的具体情况,学生自我评价以选择题的形式进行。评价表包含十项能体现学生综合表现的项目,帮助学生自我检测上课情况。不体现分数,帮助学生客观认识自己。做到就给自己点 3 个赞,告诉自己棒棒哒;没有完全做到,但是比先前有进步的给自己 2 个赞,下次再接再厉,争取做得更好;完全没有做到的同学,要暗自提醒自己要加油了,给自己点 1 个赞鼓励鼓励。在评价中设置了"上课心情"一项,用 5 个卡通表情表示,即非常开心、整体愉快、失落难过、委屈想哭、崩溃大哭,学生在对应心情上打"√"。教师可以结合上课时观察到的学生情况,关注学生的身心健康,并及时做出改善措施。

学生评价不体现分数,能有效提高学生的积极性,教师可结合点赞的数量来了解学生的自我定位,结合教师评价,作为后期因材施教的参考。

创客式教育的授课方式

一、创客式教育与创客教材

普通的教材以知识点的灌输为主,依据课程标准和教学大纲,将知识分为几大块,结合学生的接受能力,从浅入深,层层推进。知识内容单一。教材中规定教学重点和难点,通过练习册的完成情况来检测学生的学习效果。

创客教材从学生学习兴趣出发,以提高自我学习能力、自主探究能力,培养相互协作、整合资源能力等一系列科学素养为主,能将创客中所涉及的学习方法自主运用到其他学科中,举一反三,从而提升学习效率。在自主探索中主动吸收知识,而不是被动灌输。内容综合了多项学科,以 STEAM 学科为主,还涉及人文、心理素质培养等软性知识。教材中包含重点和难点,通过实践的方式来检测学生的学习成果。

二、创客教育面对的群体

创客教育的对象覆盖范围很广,包括 K-12 阶段和成人教育阶段。本书面对的是 K-12 小学阶段 1~5 年级左右的学生。

这个阶段的学生对事物有了一定的认知,但是对事物的描述还是抽象的,也就是能通过看事物的表面知道这个东西"是什么",但对于"怎么做"仅仅限于模仿阶段。

三、如何上好一堂创客课

针对小学阶段的受教育者,备课内容要简单易懂,所用的语言一定要简洁生动,用生活中最普通、最平凡、最让孩子们感兴趣的东西来做类比。针对不同年龄层的学生,相同的内容在讲述的方式上也有所不同。例如第一节课让学生理解二维和三维的区别,以及 3D 打印的工作原理,用专业术语来讲课,对于低层次的学生来说犹如云里雾里一般。如果他们听不懂或者感到乏味,则会对创客课堂失去兴趣。如何把抽象的专业名词"幼稚"化?最简单的就是用这个年龄层的学生接触的东西来举例说明。比如观看 2D 和 3D 动画后让学生回答观后感是什么,只要他们能有感受、有大致的了解就够了。老师授课的内容不必太多,但是对于重点内容需多次强调。这个阶段的学生在课堂上对知识的吸收较慢,所以教师准备教案的时候,要提炼出这节课的目的,即主要是为了让孩子们学到什么、学会什么。每节课都设定一个目标,达成这个目标需要分成几个步骤,再将这些步骤拆分成学生们可以完成的作业。教师可以依据学生的具体情况选择教材里的引导和个性飞扬创意乐园内容。我们要让孩子对这门课感兴趣,对创客课堂的未来有一个憧憬。

千万不要用成年人的思维方式试图告诉孩子创客教育和创客是什么,要让他们知道他们现在所上的课是与众不同的,是可以创造和改变未来的,告诉他们要懂得分享与合作,并鼓励以团队的形式来完成作业。作为老师,不必告诉他们为什么要这样做,对启蒙阶段的学生,只是让他们去模仿,并不断观察学生是否有创客的行为或意识,一旦出现这种行为或意识就要给予表扬,并让其他学生知道这是件有意义的事情。

引导是创客教育非常重要的一部分。引导有很多方法,虽然教材里已经有每节课的引导方案,但是针对不同年龄的学生,应当适当调整引导方法。所谓的引导,第一,是让学生对今天的这堂课感兴趣,由兴趣来激发学习的欲望;第二,引导孩子发散性和创造性思维,从一开始就要让他们被这堂课的内容所吸引;第三,融合跨学科的内容,将STEAM教育和创客教育有机结合起来,培养学生的综合素养。

四、创客教育授课时应注意什么

1. 让学生自己发现、总结,不要直接告诉学生答案

创客教育以引导开始,再以协同完成作品结束。引导通过故事、视频或者游戏等引入,在这些活动中让学生发现这节课要学习的重点,用讨论和分享的方式让学生说出自己的感受,总结活动过程中的体验和想法。

直接告诉学生答案是最快速但并不是最有效的方法。直接告诉答案,他们转眼就会忘记。最好的方法是让学生们自己思考,自己总结。想法是自己的,别人拿不走,也忘不掉。况且在创客教育里,没有标准的答案,所有的答案都是作为老师、作为成人的我们在已有的知识体系下设定的。对于孩子们来说,他们对事物有自己的理解和认知,每一个答案都可能是正确的,并有实现的可能性。

2. 让课堂充满欢笑

科学研究表明:大笑可以缓解压力,降血压,帮助机体对抗病症和使大脑分泌内啡肽(内啡肽有镇定、安神的作用)。大笑的情绪是可以互相传递的。大笑过后,我们会感觉十分舒服,大脑也更加清醒。当人们处于放松状态时,脑子更容易吸收知识。当你感到愉悦时,可能会放下那些经常纠结的问题与生活中的压力。创客教学没有特定的课堂标准,允许孩子们在课堂上充满欢笑,允许在动手中沟通交流。创客的两个基本要素就是分享与协作,充满活力的课堂可以充分保证分享与协作。

3. 学会倾听学生的独立见解,不要预想一个准确的答案

传统教育的上课方式是,40分钟的课堂,老师讲30分钟,剩下10分钟是提问时间,并且这些问题是有标准答案的;如果学生的回答不符合标准答案,老师就会说不对,再好好想想。

成人最常犯的错误,就是以自己的经验和年龄为优势,告诉孩子,你这样做是对的,那样做是错的。但很多事情并没有确切的对与错。创客课堂是一个没有标准答案的课堂。

五、成为更好的自己,成为更优秀的老师

1. 把教后反思当作课堂的延续

不同的学校,不同的年级,不同的学生对课堂教学会有不同的反馈。每一次上课

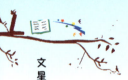

时,老师总会发现不同的问题。每一次授课之后,老师都应该进行自我反思和总结。本书在每一节课都设有"课后反思"一栏,方便老师记录教课过程中遇到的困难,也可记录老师在教课过程中突然产生的好的、新的、灵活应变的想法。把自我反思和总结当作课堂的延续,而不是额外的工作,及时地去做,积极地去思考,会让你越来越有信心成为一名优秀的老师。

2. 教出自己的风格,不要总是效仿别人

作为创客教育的老师,首先自己应该具有创客精神。创客是将自己的想法和创意变成现实的人,而不是将现有的作品进行再加工。每一位老师都有不同的性格,有些开朗爱笑,喜欢和孩子"打打闹闹";有些沉稳温柔,喜欢和孩子聊天;有些擅长讲笑话;有些擅长用肢体语言感染学生……所以,每一位老师都应该发挥自己最擅长的一面,表现出自己的特色。创客老师应该是多元化的,就像创客理念一样。本书的创客教育方法只是一个参考,所有的创客老师都可以总结出一套适合自己的教学方法。

教师评价表

班级：　　　　　　　　　　　　　　　小组：
课题：　　　　　　　　　　　　　　　日期：

项目	评价说明	评分（分）	评分标准	教师评分
团队协作	1. 任务分工合理，有效利用资源（时间和耗材）； 2. 组长和组员之间相互积极配合，积极参与小组讨论； 3. 遇到困难能主动同组员或老师沟通与交流，认真思考，努力完成任务； 4. 有集体荣誉感，互帮互助，共同努力完成小组任务。	16	体现≥3 项　　　15.1～16 分 2≤体现＜3 项　 13.1～15 分 1≤体现＜2 项　 11.1～13 分 0≤体现＜1 项　 10.1～11 分	
创造思维	1. 具有丰富的想象力； 2. 具有独立思考的能力； 3. 有创新精神，并能将创意转变成作品。	12	体现＞2 项　　　11.1～12 分 1＜体现≤2 项　　9.5～11 分 0＜体现≤1 项　　7.1～9.4 分	
逻辑思维	1. 能有条理地表达自己的意见； 2. 解决问题的过程清楚明了； 3. 做事有目的、有计划。	12	体现＞2 项　　　11.1～12 分 1＜体现≤2 项　　9.5～11 分 0＜体现≤1 项　　7.1～9.4 分	
学习能力	1. 能积极主动参与学习； 2. 有进取心，学习兴趣浓厚，求知欲强； 3. 认真、自觉、按时完成作品。	12	体现＞2 项　　　11.1～12 分 1＜体现≤2 项　　9.5～11 分 0＜体现≤1 项　　7.1～9.4 分	
参与情况	1. 课堂上不怕出错，勇于表达自己的观点，提出质疑； 2. 认真倾听别人的发言，懂得欣赏他人，并能积极给予补充和完善； 3. 积极参与讨论与交流。	12	体现＞2 项　　　11.1～12 分 1＜体现≤2 项　　9.5～11 分 0＜体现≤1 项　　7.1～9.4 分	
分享展示	1. 有效地展示学习成果，不照搬硬套； 2. 展示形式新颖； 3. 能清晰表达设计理念。	12	体现＞2 项　　　11.1～12 分 1＜体现≤2 项　　9.5～11 分 0＜体现≤1 项　　7.1～9.4 分	
实践实操	1. 制作作品时善于发现问题，并通过多种途径解决问题； 2. 制作作品时敢于质疑，有独到的见解。	8	体现 2 项　　　　7.5～8.0 分 1≤体现＜2 项　　6.5～7.4 分 0≤体现＜1 项　　4.5～6.1 分	

续表

项目	评价说明	评分(分)	评分标准	教师评分
学习成果	1. 做出完整的作品,制作过程能体现知识点; 2. 作品美观,创意十足,实用性强。	8	体现2项　　　7.5~8.0分 1≤体现<2项　6.5~7.4分 0≤体现<1项　4.5~6.4分	
自我管理	1. 爱护公共设施、机器、设备、工具等,有效利用耗材; 2. 不丢三落四,保持桌面清洁、座椅整齐。	8	体现2项　　　7.5~8.0分 1≤体现<2项　6.5~7.4分 0≤体现<1项　4.5~6.4分	
合计		100		
教师寄语:				

说明：1. 本评价针对学生上课综合表现进行评价。

2. 本评价分为定性评价部分和质性评价部分。

3. 定性评价部分总分为100分,分为A、B、C三个等级,A级(非常好91~100分)、B级(较好71~90分)、C级(一般50~70分)。

4. 质性评价部分为教师寄语,是针对被评者做概况性描述和建议,以帮助被评学生改进与提高。

学生自我评价表

学校：　　　　　　　　　　日期：
班级：　　　　　　　　　　姓名：
课题：

1. 上课前做了充分准备，积极配合上课。

          A. 做到了 👍 👍 👍

          B. 有进步 👍 👍 👍

          C. 要加油 👍 👍 👍

2. 上课时严于律己，不影响老师上课和同学学习。

          A. 做到了 👍 👍 👍

          B. 有进步 👍 👍 👍

          C. 要加油 👍 👍 👍

3. 课堂上积极参与，并踊跃发言。

          A. 做到了 👍 👍 👍

          B. 有进步 👍 👍 👍

          C. 要加油 👍 👍 👍

4. 做任务时目的明确，有计划，条理清晰。

          A. 做到了 👍 👍 👍

          B. 有进步 👍 👍 👍

          C. 要加油 👍 👍 👍

5. 制作作品时善于发现问题，并找到解决办法。

          A. 做到了 👍 👍 👍

          B. 有进步 👍 👍 👍

          C. 要加油 👍 👍 👍

6. 上课过程中,主动帮助同学解决学习过程中遇到的问题。

A. 做到了 👍 👍 👍

B. 有进步 👍 👍 👍

C. 要加油 👍 👍 👍

7. 有新的想法,能创作出与众不同的作品。

A. 做到了 👍 👍 👍

B. 有进步 👍 👍 👍

C. 要加油 👍 👍 👍

8. 在课程中,按时、高质量地完成了老师布置的任务。

A. 做到了 👍 👍 👍

B. 有进步 👍 👍 👍

C. 要加油 👍 👍 👍

9. 任务完成后,积极地将作品向老师和同学分享展示。

A. 做到了 👍 👍 👍

B. 有进步 👍 👍 👍

C. 要加油 👍 👍 👍

10. 在学习中,和同学们进行了非常愉快的合作。

A. 做到了 👍 👍 👍

B. 有进步 👍 👍 👍

C. 要加油 👍 👍 👍

这节课你的心情如何?

目 录

第一单元　神奇的3D打印

第1课　从二维到三维的概念　　　　　　　　　/1
第2课　神奇的3D打印　　　　　　　　　　　/4
第3课　3D打印技术应用范围　　　　　　　　/9

第二单元　3D打印笔

第1课　玩转3D打印笔　　　　　　　　　　　/15
第2课　形状王国的百变造型　　　　　　　　/21
第3课　个性眼镜看世界　　　　　　　　　　/24
第4课　幸福花开　　　　　　　　　　　　　/27
第5课　乐器王子吉他　　　　　　　　　　　/30
第6课　我爱吃的水果　　　　　　　　　　　/34
第7课　哆啦A梦机器猫　　　　　　　　　　/38
第8课　回忆的时光钟表　　　　　　　　　　/41
第9课　我爱我的校园　　　　　　　　　　　/44

第三单元　LOONGO软件

第1课　世界之塔　　　　　　　　　　　　　/48
第2课　皮卡丘　　　　　　　　　　　　　　/52
第3课　快乐圣诞　　　　　　　　　　　　　/56
第4课　星星点灯　　　　　　　　　　　　　/60
第5课　愤怒的小鸟　　　　　　　　　　　　/64
第6课　萌萌的HELLO KITTY　　　　　　　/68
第7课　各种各样的房子　　　　　　　　　　/72
第8课　疯狂动物城　　　　　　　　　　　　/76

第四单元　文星小创客

孩子们的状态　　　　　　　　　　　　　　　/79

第一单元　神奇的 3D 打印

第1课　从二维到三维的概念

一　课程时数

1 课时（40 分钟）

二　难度等级（1—7 颗星）

★

三　跨学科融合

数学、美术、劳技

四　情感、态度、价值观培养

交往与沟通、协作与分享、探究和创新意识、注重实践

五　课程目标

- 【知识目标】
  了解 2D 和 3D 的区别
  初步了解二维平面变三维立体的方式
- 【能力目标】
  自发探索能力、团队合作能力、思考能力

六　课前准备

- 通用准备
  授课 PPT
  作品道具

第一单元　神奇的3D打印

将教师的电脑安装好投影仪,以便PPT展示
打印课程大纲
教师电脑安装播放器(选用)
● **本课准备**
纸张
铅笔
剪刀

 七　课程内容

● **教学方式**：互动式与动手实践讲解

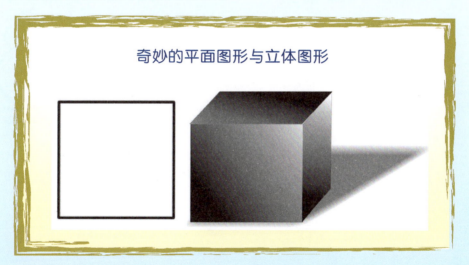

奇妙的平面图形与立体图形

通过观察、对比图形,探究平面图形与立体图形最大的区别。让学生们对二维平面与三维立体有一定的维度概念。了解三维造型的特点及从二维平面到三维立体的变形方式。

● **创作体验**——手工立体图形
让学生通过手工制作,加深从平面到立体的维度概念。

创作小挂架

步骤说明：

1. 每组发放一张 A4 的硬彩纸；
2. 小组团队构思由平面到立体的创作主题；
3. 用铅笔勾勒出创意的造型；
4. 用剪刀将造型剪出平面的形状；
5. 将剪出的平面形状变成立体的形状。

● 小组讨论与分享
　◆ 展示立体作品。
　◆ 分享创作灵感和思路。
　◆ 交流设计过程中遇到的难点及解决方法。

  创客·小贴士

任何事情只有通过自己亲自尝试，才能真正地认识、理解、掌握。

 课后反思

第一单元 神奇的3D打印

第2课 神奇的 3D 打印

一 课程时数

1 课时(40 分钟)

二 难度等级(1-7 颗星)

★

三 跨学科融合

科学、技术、美术

四 情感、态度、价值观培养

交往与沟通、崇尚科学、信息的搜集、探究和创新意识、注重实践

五 课程目标

- 【知识目标】
  普通列表机与 3D 打印机的区别
  3D 打印机的操作
- 【能力目标】
  自发探索的能力、团队合作能力、思考能力

六 课前准备

- 通用准备
  授课 PPT
  作品道具(各种造型的 3D 打印作品)
  将教师的电脑安装好投影仪,以便 PPT 展示
  打印课程大纲
  教师电脑安装播放器(选用)
- 3D 打印机课程准备
  运行正常的 3D 打印机

七 课程内容

● 普通列表机与 3D 打印机的区别及 3D 打印原理

1. 观察对比，自发探究

普通列表机随处可见，3D 打印机相信大家都只听说过，今天在我们的创客教室能看到它的真面目了。请同学们利用操作说明，在教室里自行操作开启普通列表机与 3D 打印机，并仔细观察打印过程，上网查核 3D 打印机的相关资料，自发探究。

2. 自由发言

◆ 普通列表机与 3D 打印机有什么差异？
◆ 3D 打印机的外部构造是怎样的？
◆ 3D 打印机的内部构造由哪些组成？

3. 3D 打印的原理

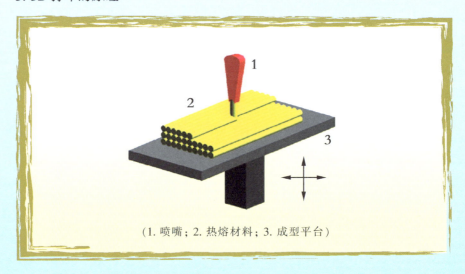

（1.喷嘴；2.热熔材料；3.成型平台）

第一单元　神奇的 3D 打印

3D 打印原理就是把材料一层一层增加堆叠,最后制造成一个物体,即薄层累积成为三维物体。英文叫 3D printing,是增材制造的一种方法,发展初始阶段叫 RP(快速成型),后由美国前总统奥巴马改名为 3D 打印。

● 3D 打印的流程

1. 引入:实际案例

同学平时练习毛笔字与画画时,感觉笔刷平放在桌盘时很不方便取用,因此,创意设计并打印了一个"小小 3D 放笔架"。这款作品设计感十足,又有很强的实用性。

2. 自由发言

通过这个小创作的故事,同学们有何体会呢?

观察 3D 打印的过程后,同学们能说出 3D 打印的具体操作流程吗?

3. 3D 打印流程

3D 打印流程:发现问题→创意构思→设计建模→切片→3D 打印→展示使用。

● 3D 打印机的操作

1. 3D 打印机的外部构造

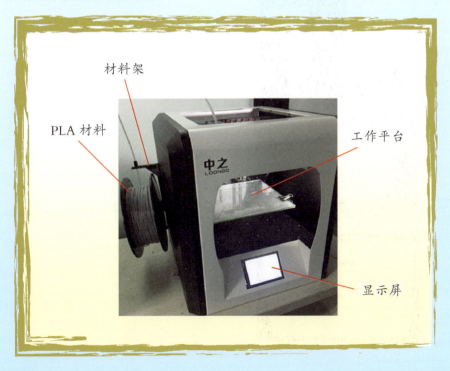

2. 3D打印机的内部构造

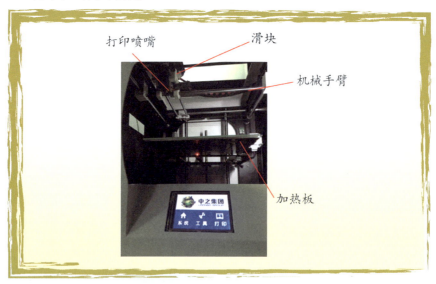

3. 3D打印的简单操作

（1）开机——按下机器背后左下方红色开关按钮。

（2）点击显示屏中第三项——打印。

（3）选择需要打印的文件——"大力神杯"或其他设计。

（4）显示屏中会弹出对话框，询问"上次打印中断,是否从断点开始打印?"选择"是"按键。

（5）观察打印机打印过程。

（6）关机——打印完成后,关闭机器开关按钮。

● 小组讨论与分享

◆ 实际操作3D打印机碰到什么困难了吗？该如何解决？

◆ 3D打印很神奇吧,同学们最希望运用神奇的3D打印机打印出什么东西呢？

　　三维创客教育,集创新教育、体验教育、项目学习等思想为一体,契合了学生富有好奇心和创造力的天性,以创新课程为载体,在创客空间的平台下,融合科学、数学、物理、化学、艺术等多学科知识,培养学生的想象力、创造力以及解决问题的能力。

第3课 3D 打印技术 应用范围

一 课程时数

2 课时(80 分钟)

二 难度等级(1-7 颗星)

★★

三 跨学科融合

科学、技术

四 情感、态度、价值观培养

信息的搜集、处理和运用、探究和创新意识

五 课程目标

- 【知识目标】
  3D 打印应用范围
- 【能力目标】
  自发探索的能力、终身学习的能力

六 课前准备

- 通用准备
  授课 PPT
  作品道具
  将教师的电脑安装好投影仪,以便 PPT 展示
  打印课程大纲
  教师电脑安装播放器(选用)

第一单元 神奇的3D打印

七 课程内容

● 教学方式：实例与互动式讲解

1. 制造业——航空航天

示例：2016年7月，中国的张海鸥教授主导研发了一项金属3D打印技术"智能微铸锻"，这是一项伟大的研究，解决了中国隐身战机产量的一大难关——大型复杂部件的加工使得中国在歼20制造上处于国际一流水平，甚至超过了美日等研发较早的国家。

（来源于网络新闻）

2. 制造业——汽车制造

示例：世界上第一款采用3D打印零部件制造的电动汽车，由美国亚利桑那州的Local Motors汽车公司打造，整个制造过程仅用了44个小时。这款电动汽车名为"Strati"，Strati的车身一体成型，由3D打印机打印，共有212层碳纤维增强热塑性塑料。

（来源于网络新闻）

10

3. 建筑工程——房子

示例：1100平米的别墅，从打印材料到"组装"成房子，仅仅需要1个月左右的时间，节约建筑材料30%~60%，工期缩短50%~70%，节约人工50%~80%，建筑成本至少节省50%，且其防震效果和保温效果都会增强。综合来看，3D打印的房屋价格要比普通住宅建筑便宜一半。

（来源于网络新闻）

4. 生物医疗

示例：中新网1月16日电，中国化妆品企业伽蓝集团JALA成功利用3D生物打印生产出亚洲人皮肤，成为第一家利用3D生物打印技术打印出亚洲人皮肤的企业。

（来源于网络新闻）

5. 消费品——服装

示例：3D打印服装界终于有了一套高质量的无缝接男士外套，完美诠释了"天衣无缝"这一词语。波斯顿服装品牌Ministry of Supply推出了一款无缝接男装外套。

（来源于网络新闻）

第一单元　神奇的3D打印

6. 消费品——球鞋

示例：3D打印的耐克鞋名为 Vapor Laser Talon Boot(蒸汽激光爪)，整个鞋底都是采用3D打印技术制造。不仅外观看起来很炫，官方称该跑鞋还拥有优异的性能，

能提升足球运动员在前40米的冲刺能力。这款全新的概念足球鞋在设计制造的过程中融合了3D设计建模、样版制作以及3D打印等前沿技术。通过3D技术，这款球靴在设计制造的过程中有着工艺简单、柔性度高、成本低、成型速度快等特点，同时也将样品的开发时间由几个月缩短为几个小时。

(来源于网络新闻)

7. 消费品——食品

示例：你看到的就是教学用机打印出来的食品喔！3D打印煎饼与3D打印巧克力，很赞吧！超级美味喔！

8. 教育——三维创客教育

示例：三维创客教育走进课堂，让学生在创新能力和动手实践能力上得到提升，将学生的创意、想象变为现实，极大发展学生动手和动脑的能力，从而实现学校培养方式的变革。

9. 科学研究

示例：美国德雷塞尔大学的研究人员通过对化石进行 3D 扫描，利用 3D 打印技术做出了适合研究的 3D 模型，不但保留了原化石所有的外在特征，同时还做了比例缩减，更适合研究。

（来源于网络新闻）

10. 文物保护

示例：史密森尼博物馆因为托马斯·杰弗逊雕塑要移至弗吉尼亚州展览，用一个巨大的 3D 打印替代品放在了原来雕塑的位置上。

（来源于网络新闻）

11. 个性化定制

示例：用 3D 打印技术打印一张随手拍的照片，这个创意怎么样？相当于拍了一张立体浮雕照片。

● 小组讨论与分享

◆ 3D打印对我们未来的生活有什么影响？
◆ 请同学们利用网络，上网查寻3D打印应用的范围，对你有什么启示？
◆ 了解了3D打印的应用，你希望利用3D打印技术做什么创意作品？运用在哪个领域？为什么？

 创客小贴士

教育中应该尽量鼓励个人发展，应该引导儿童自己探讨、推论。给他们讲的应该尽量少些，而引导他们去发现的应该尽量多些。

——斯宾塞

 课后反思

第二单元 3D打印笔

 第1课　玩转 3D 打印笔

 一 课程时数

3课时（120分钟）

 二 难度等级（1–7颗星）

★

 三 跨学科融合

美术等艺术课程、品德与生活

 四 情感、态度、价值观培养

勤劳朴素、乐观向上、乐于助人，培养正确价值观

 五 课程目标

- 【知识目标】
  平面到立体思维转变
  简单形状的拼接
- 【能力目标】
  动手能力、团队合作能力、终身学习的能力

 六 课前准备

- 通用准备
  授课PPT
  作品道具

第二单元 3D打印笔

将教师的电脑安装好投影仪,以便PPT展示
打印课程大纲
教师电脑安装播放器(选用)
- 3D打印笔课程准备
  白纸、铅笔(或纸模)
  3D打印笔
  PLA材料
  耐高温透明板
  拖线板(选用)

七 课程内容

- 情境导入

神笔马良

马良是个勤劳、刻苦、有志气的孩子。他从小失去父母,家境贫寒,靠打柴、割草为生。但是,他并没有因为生活贫苦而气馁,一心想学画画的本领。他每天用心苦练,在沙地上学着描飞鸟,在岩石上学着描游鱼。晚上,拿起一块木炭,在窑洞的墙壁上复习白天画过的画。一天晚上,一位白胡子老神仙送给他一支笔,他用这支神笔画鸟,鸟就在天上飞;画鱼,鱼就在水中游;画羊,羊就在地上跑。这事被贪心的财主知道了,要马良给他画大元宝。马良不肯,就

被关入马厩中。马良画了一架梯子,逃跑了;又画了一匹大骏马,马良骑上它,财主追不上。皇帝要马良画画,马良不愿意,皇帝就把他打入大牢。马良画了座小岛,岛上画了一株金光闪闪的摇钱树,又画了一条大木船,当皇帝和大臣、将军坐船去取钱时,大风大浪把他们全都吞没了。从此,马良用自己的本领自由自在地为穷苦的乡亲们画画,画出他们所需要的东西:犁耙、耕牛、水车、石磨……

- 自我探究

听完故事后,请同学们说说马良身上有哪些值得我们学习的品德。

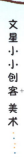

● 3D 打印笔

1. 3D 打印笔的使用方法

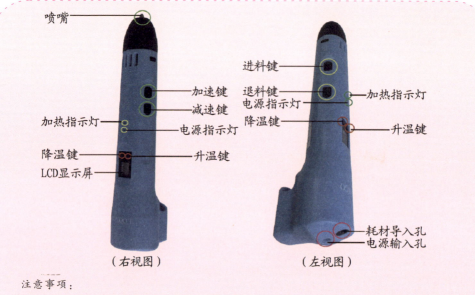

（右视图）　　　　（左视图）

注意事项：
1. 3D 打印笔适合 8 岁以上儿童或成人使用，儿童在成人监护下方可使用。
2. 3D 打印笔前端笔尖及附件为高温危险区域，严禁用手触摸或用笔尖触碰其他物品。
3. 3D 打印笔为精密电子设备，请勿水淋。

（1）从电源输入孔连接电源，电源指示灯亮，LCD 显示屏显示 PLA 或 ABS，点击退料键选择对应材料。这里我们统一选用安全、环保材料 PLA 模式。

（2）打印笔出厂 PLA 模式默认温度为 185℃，ABS 模式为 210℃，当发现打印笔出丝过硬或过软时，可调节 LCD 显示屏旁边的升温键和降温键，调高或降低目标温度，使材料达到理想的熔融状态。

（3）点击进料键后，打印笔进行加热，加热指示灯变红，LCD 显示屏显示喷头实时温度。

（4）加热完成后，加热指示灯由红变蓝，长按进料键的同时将 PLA 材料从耗材导入孔插入，可手动送丝，双击进料键可自动送丝（单击便可退出自动模式）；此时可使用 3D 打印笔创作，退料长按退料键。更换耗材时，需将笔中耗材退出，重新导入要更换的耗材。

2. 3D 打印笔使用注意事项

（1）3D 打印笔只有在加热指示灯显示为蓝色时才能生效，即只有在打印笔的温度加热达到程序设定温度后，按键方可使用。

（2）在打印笔停止使用的过程中，停止超过一段时间后，打印笔会自动停止加热，进入休眠状态（LCD 显示屏上显示为三条横杠），为了节省用电和避免意外烫伤，此时只需按一下进料键，打印笔即可重新加热，加热指示灯显示为蓝色时，方可继续使用。

（3）在插入耗材前和退出耗材后，都要把耗材的端部剪平，否则耗材容易卡在打印笔内部，无法进料退料。

（4）在进料、退料、更换耗材时，不能使用暴力拉拽耗材。

（5）耗材卡在打印笔内时，不要用力拉扯，否则易损坏电机和主板。

（6）在操作过程中，如有耗材粘在笔尖处，不能用手触碰笔尖，可将笔头在纸上划几次，或者用剪钳除去粘有耗材。

（7）操作过程中，在抬起笔头前，笔尖向下点按后再抬起，可减少拉丝出现，或者适当调低温度（注意不能过低，PLA最好在170~200度之间，不同品牌耗材熔点会有差异）。

（8）材料长度小于25cm时请勿使用，避免材料残留于笔身内造成堵料。

3. 3D打印笔简单故障排除

故障现象		故障原因	故障排除方法
电源指示灯不亮		电源适配器或插头线故障	维修或更换电源适配器
		主板故障	维修或更换主板
		插座引线脱落	
喷嘴口不出料		喷嘴堵塞	更换加热喷头组件
		温度不够	调温/更换加热喷头组件
		没有温度	更换加热喷头组件或检查主板
		齿轮嘴耗材打滑	退料，清理齿轮，切掉损坏耗材后重新装载
		齿轮空转	更换电机
		耗材二次装载失败	退丝后切平耗材端口重新装载
		主板故障	维修或更换主板
		模式使用错误	根据材料选择正确模式
	不加热	加热圈损坏	更换加热喷头组件
加热指示蓝灯闪烁	显示E1	温度传感器线短路	更换加热头
	显示E2	温度传感器线短路	
确认加热时重启（跳转到耗材类型）		主板烧坏	维修更换主板
加热完成后重启（跳转到耗材类型）		电机烧坏	更换电机

● **体验神奇的3D打印笔**

给每一位同学准备一套印模（纸模和耐高温透明板），请大家依照纸模进行绘制，体会使用3D打印笔的感觉与感受。

步骤说明：

1. 发放纸模给各小组；
2. 在纸模上覆盖好耐高温透明板，并用3D打印笔在耐高温透明板上绘制出纸模上的简易图形；
3. 待冷却后，将绘制好的简易图形从耐高温透明板上取下；
4. 开动脑筋，想办法将这些图形拼接成任意立体图形。

● 简单任务模仿

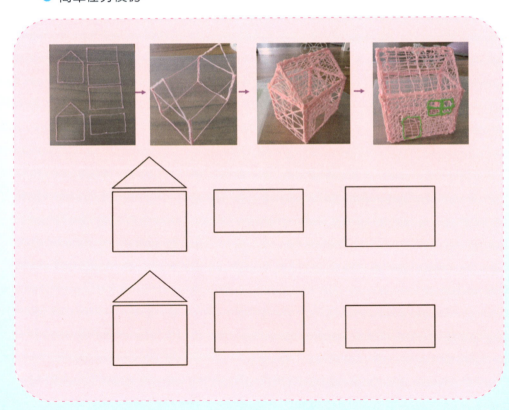

第二单元　3D打印笔

步骤说明：

1. 发放房子的结构拆分纸模图给各小组；
2. 在纸模上覆盖上耐高温透明板，并用3D打印笔在耐高温透明板上绘制出各组成部分；
3. 待冷却后，将笔绘制好的各部分从耐高温透明板上取下；
4. 将3D打印笔绘制好的各组成部分，按照正确的角度用3D打印笔拼接成立体框架；
5. 在拼接好的房子框架内添加创意元素。

● 小组讨论与分享
　◆ 谈谈使用打印笔创作与传统绘画的感受。
　◆ 分享3D打印笔创作过程中遇到的困难及解决方法。

● 个性飞扬——创意乐园
　同学们通过模仿制作小房子对平面变立体已经有了实际感受，现在请同学们观察我们此刻所处的环境，小组讨论设计制作一个你们最喜欢、最理想的学习环境——教室。

● 小组讨论与分享
　◆ 展示小组创作成果。
　◆ 分享创作灵感和设计思路。
　◆ 谈谈创作过程中遇到的难点及解决方法。

因为道德是做人的根本。根本一坏，纵然使你有一些学问和本领，也无甚用处。

——陶行知

第 2 课　形状王国的百变造型

一　课程时数

2 课时（80 分钟）

二　难度等级（1–7 颗星）

★

三　跨学科融合

美术等艺术课程、数学

四　情感、态度、价值观培养

协作与分享

五　课程目标

- 【知识目标】
  从平面到立体的思维转变
  简单形状的立体拼接
  多种形状的拼接
  纸模绘制
- 【能力目标】
  团队合作能力、动手能力、探究和创新意识

六　课前准备

- 通用准备
  授课 PPT
  作品道具
  将教师的电脑安装好投影仪，以便 PPT 展示
  打印课程大纲
  教师电脑安装播放器（选用）

第二单元 3D 打印笔

● 3D 打印笔课程准备
 白纸、铅笔(或纸模)
 3D 打印笔
 PLA 材料
 耐高温透明板
 拖线板(选用)

课 程 内 容

● 情境导入

七巧板的来历

宋朝有个叫黄伯思的人,对几何图形很有研究,他发明了一种用 6 张小桌子组成的"宴几"——请客吃饭的小桌子。

后来有人把它改进为 7 张桌组成的宴几,可以根据吃饭人数的不同,把桌子拼成不同的形状,比如 3 人拼成三角形,4 人拼成四方形,6 人拼成六边形……这样用餐时人人方便,气氛更好。

后来,有人把宴几缩小改变到只有七块板,用它拼图,演变成一种玩具。因为它十分巧妙好玩,所以人们叫它"七巧板"。

到了明末清初,皇宫中的人经常用它拼成各种吉祥图案和文字,庆贺节日和娱乐,故宫博物院至今还保存着当时的七巧板呢!

● 自我探究

同学们玩过七巧板吗?你们还玩过哪些类似的益智玩具?谈一谈它们在生活、学习中的实际应用。

● 简单任务模仿

步骤说明：
1. 发放白纸给各小组；
2. 在白纸上画出 8 个相同的等腰直角三角形；
3. 小组讨论合理分配 3D 打印笔绘制任务；
4. 在绘制好的纸模上覆盖好耐高温透明板，并用 3D 打印笔在耐高温透明板上绘制出 24 个不同颜色的等腰直角三角形；
5. 待冷却后，将绘制好的等腰三角形从耐高温透明板上取下；
6. 团队合作，用 3D 打印笔将 4 个不同颜色的等腰直角三角形拼接成正方形，将拼接好的正方形拼接成立方体。

● **个性飞扬——创意乐园**

在拼接立方体的过程中，不少同学已经尝试拼出了其他的形体，我们发现不同的拼接方式所呈现的形象是不同的，现在就请同学们使用 3D 打印笔，绘制多个相同的基本图形或不同图形。小组同学要齐心协力，利用绘制的图形拼接出你们的独特作品！

● **小组讨论与分享**
   ◆ 分享创作灵感和设计思路。
   ◆ 说说小组的拼图经历。
   ◆ 谈谈创意创作过程中遇到的难点及解决方法。

 创客·小贴士

科学是将领，实践是士兵。
———达·芬奇

 **课后反思**

第二单元　3D打印笔

第3课　个性眼镜看世界

一　课 程 时 数

2课时(80分钟)

二　难度等级(1-7颗星)

★

三　跨学科融合

美术等艺术课程、品德与生活

四　情感、态度、价值观培养

热爱生活、健康发展、注重实践

五　课 程 目 标

● 【知识目标】
　平面到立体思维转变
　简单形状的拼接
　纸模绘制
● 【能力目标】
　创新能力、动手能力、团队合作能力、解决问题的能力

六　课前准备

● 通用准备
　授课PPT
　作品道具
　将教师的电脑安装好投影仪，以便PPT展示
　打印课程大纲
　教师电脑安装播放器(选用)

- 3D 打印笔课程准备

  白纸、铅笔(或纸模)

  3D 打印笔

  PLA 材料

  耐高温透明板

  拖线板(选用)

七 课程内容

- 情境导入

戴眼镜的小猴子

小猴灰灰每天一有空就看电视、玩游戏。渐渐地,他的眼睛看东西就像隔着一层雾,迷迷糊糊的,看不清。妈妈只好给他配了一副眼镜。

戴上眼镜,灰灰又能看清楚了,他还是每天看电视、玩游戏。

森林深处的露天体育馆今天有运动会,灰灰也报了名。

参加爬树比赛时,因为灰灰总忙着扶眼镜,结果爬了倒数第一。

接着是长跑。咦,跑道怎么变得模糊了?原来灰灰呼出的气蒙住了眼镜。

灰灰撞到了小兔,又踩痛了小狗,疼得小动物们直嚷嚷:"小猴犯规啦!小猴犯规啦!"

"叮……"裁判取消了灰灰的比赛资格。

灰灰扑在妈妈怀里伤心地哭了。"以后要爱护眼睛,不能老玩电子游戏了。"妈妈说。

小猴灰灰拉住妈妈说:"妈妈我记住了,我以后一定要保护好眼睛。"

- 自我探究

听完这个故事,同学们认为小猴灰灰哪里做得好?哪里做得不好呢?请说一说理由。

请同学们分享一下生活中保护眼睛的好习惯。

第二单元 3D打印笔

● 简单任务模仿

步骤说明：

1. 发放白纸给各小组；
2. 依次在纸上绘制出眼镜的各组成部分(2个眼框,2个镜腿,1个鼻托)；
3. 在绘制好的纸模上覆盖好耐高温透明板；
4. 使用3D打印笔,在耐高温透明板上绘制出各部分；
5. 待冷却后,将使用3D打印笔绘制好的各部分从耐高温透明板上取下；
6. 将3D打印笔绘制好的各组成部分按照正确的角度用3D打印笔拼接出立体眼镜。

小提示：爱美的同学可以按照上述方法给你的眼镜添加可爱的小装饰哦！

● 个性飞扬——创意乐园

同学们使用3D打印笔亲手制作了自己的个性眼镜,但是我们身边还有很多人没有见过3D打印笔的作品。让我们一起动手,制作一个立体面具送给小伙伴吧！

● 小组讨论与分享
　◆ 小组派代表戴上面具走秀展示。
　◆ 分享面具创作的灵感和设计思路。
　◆ 谈谈创作制作过程中遇到的困难及解决方法。

教育是什么,往简单方面说,只有一句话,就是养成良好的习惯。

——叶圣陶

第4课　幸福花开

一　课程时数

2课时(80分钟)

二　难度等级(1-7颗星)

★★

三　跨学科融合

美术等艺术课程

四　情感、态度、价值观培养

热爱大自然、保护环境、爱惜资源、注重实践

五　课程目标

● 【知识目标】
从平面到立体的思维转变
简单形状的立体拼接
多种形状的拼接
纸模绘制

● 【能力目标】
动手能力、团队合作能力、情感能力、解决问题的能力

六　课前准备

● 通用准备
授课PPT
作品道具
将教师的电脑安装好投影仪，以便PPT展示

打印课程大纲
教师电脑安装播放器(选用)
● 3D打印笔课程准备
白纸、铅笔(或纸模)
3D打印笔
耐高温透明板
拖线板(选用)

 课程内容

● 情境导入

开心的小花朵

公园里,有一朵非常美丽开心的花朵。当这个美丽的小花朵看见小图图的时候,它总是非常开心,脸上堆满了笑容。

于是,小图图好奇地问花儿:"你为什么总是笑嘻嘻的呢?"

美丽的小花没有说话,仍旧只是笑。

小图图非常喜爱这朵会笑的小花,伸出手想要摘下这朵花带回家。

这个时候,小图图的外公走过来看见了,连忙摆了摆手,对小图图说:"图图,图图,你别采它!小花朵之所以对你笑,是因为你没有采她带回家,它生活得自由自在,能让每个人都看见它的笑容和美丽,所以非常开心。可是如果你摘小花下来带回家,让花儿每天都只能待在家,看不见天空和阳光,享受不了雨露和星空,它就不开心了,就不会对你笑了。"

小图图听了爷爷说的话,又看了看小花朵。

他弯腰对小花朵说:"我希望你每天都开开心心的,所以我会保护你,不会让其他人摘你回家的。"

● 自我探究
◆ 小图图的做法对吗?生活中我们还能做哪些事情来保护花草树木呢?
◆ 请同学们说出所知道的花,并简单谈谈它有哪些特点。
◆ 请同学们说出自己最喜欢的花,并谈谈理由。

● 简单任务模仿

步骤说明：

1. 发放白纸给各小组；
2. 在白纸上画出向日葵的各组成部分（花瓣、花茎、花蕊、花叶、花盆）；
3. 小组讨论，按照难易程度合理分配3D打印笔绘制任务；
4. 在绘制好的纸模上覆盖好耐高温透明板，并用3D打印笔在耐高温透明板上绘制出各组成部分；
5. 待冷却后，将绘制好的各部分从耐高温透明板上取下；
6. 团队合作，用3D打印笔将各组成部分拼接成立体向日葵。

● 个性飞扬——创意乐园

小时候看哆啦A梦的时候，晚上睡觉总是梦到自己拥有了它的四次元空间袋；看巴啦啦小魔仙的时候又总想拥有那具有神秘力量的法器。相信同学们一定也有过这样的时刻，现在我们就来圆梦吧！创作一件属于你自己法器。

● 小组讨论与分享

◆ 小组推举人员展示法器。
◆ 分享创作灵感和设计思路。
◆ 谈谈设计创作过程中遇到的难点及解决方法。

 创客·小贴士

培养教育人和种花木一样，首先要认识花木的特点，区别不同情况给以施肥、浇水和培养教育，这叫"因材施教"。

——陶行知

 课后反思

第二单元　3D打印笔

第 5 课　乐器王子 吉他

一　课程时数

2课时(80分钟)

二　难度等级(1-7 颗星)

★★

三　跨学科融合

美术、音乐等艺术课程

四　情感、态度、价值观培养

热爱大自然、热爱集体、交往与沟通、注重实践

五　课程目标

- 【知识目标】
  从平面到立体的思维转变
  简单形状的立体拼接
  多种形状的拼接
  平面图形加厚操作
  纸模绘制
- 【能力目标】
  团队合作能力、情感能力、创新能力、动手能力、解决问题的能力

六　课前准备

- 通用准备
  授课PPT
  作品道具
  将教师的电脑安装好投影仪,以便PPT展示

打印课程大纲
教师电脑安装播放器(选用)
● 3D 打印笔课程准备
白纸、铅笔(或纸模)
3D 打印笔
PLA 材料
耐高温透明板
拖线板(选用)

七 课程内容

● 情境导入

小老鼠的乐器

山上住着爱演奏乐器的小动物,人们把这座山叫"音乐山"。

每天早上,小动物们一睁开眼睛便开始练习了。小松鼠在吹笛子,小猴子在弹钢琴,小狐狸在拉二胡……只有小老鼠低着头闷闷不乐。

百灵鸟看见了说:"小老鼠,你为什么不开心啊?"

"我想成为音乐家。"小老鼠说。

百灵鸟听了说:"那还不容易,你跟我学唱歌,我的嗓子最棒了,保证让你成为歌唱家。"

小老鼠说:"不,我只想要一件乐器。"

百灵鸟听完就飞走了,这时,一只乌龟爬过来问:"小老鼠,你为什么哭得这样伤心?"

"别的小动物都有乐器,可是我却什么也没有。"小老鼠回答说。

乌龟想了想说:"山上的乐器都是祖先留给自己的后代的,听说你们老鼠家族也有,去自己找找吧。"

小老鼠听了高兴极了,急忙跑回家去,找来找去只找到一块干的柳枝皮。小老鼠生气地说:"这算什么乐器呀,一节柳树枝怎么发出声音呢?"这时乌龟慢吞吞地爬过来说:"我记得你姥姥经常将新鲜的柳条抽去中间的芯,能吹出好听的声音。"小老鼠看了看那节又枯又干的东西,用眼睛望了望,中间是空的,用嘴巴对准口吹了一下,发出了粗粗的声音。它高兴地跳了起来,连忙从树上剪下一节柳条抽去中间的芯说:

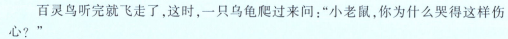

第二单元　3D打印笔

"我也有乐器了,我有柳条笛子了。"

第二天,太阳公公起床了,小松鼠说:"我要吹笛子了。"小猴子说:"我要弹钢琴了。"小狐狸说:"我开始拉二胡了。"小老鼠说:"我要吹柳条笛子了。"

● 自我探究
　　◆ 说一说故事中出现了哪些乐器。
　　◆ 请同学们分享自己知道的乐器,并说一说它们是怎么演奏的。

● 简单任务模仿

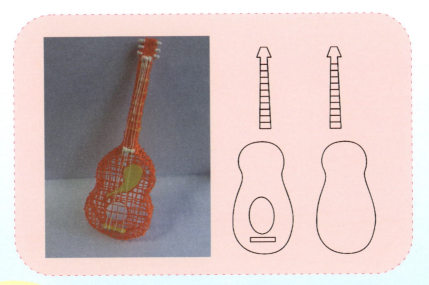

步骤说明:

1. 发放白纸给各小组;
2. 在白纸上画出吉他的各组成部分;(琴头、琴颈、琴体、琴桥、音孔等)
3. 小组讨论,按照难易程度合理分配3D打印笔绘制任务;
4. 在绘制好的纸模上覆盖好耐高温透明板,并用3D打印笔在耐高温透明板上绘制出各组成部分;
5. 待冷却后,将绘制好的各部分从耐高温透明板上取下;
6. 团队合作,用3D打印笔将各组成部分拼接成立体吉他。

● 个性飞扬——创意乐园

每个人都有自己的爱好,对于自己喜爱的物品,同学们都会精心爱护。给你最想好好保存的物件制作一件精美的外衣吧!

● 小组讨论与分享

◆ 说说自己最珍贵的物件与珍贵的原因。
◆ 给自己最珍贵的物件穿上独特的外衣。
◆ 谈谈设计创作过程中遇到的难点及解决方法。

 创客·小贴士

开启人类智慧的宝库有三把钥匙:一把是数字,一把是字母,一把是音乐。

——雨果

第二单元　3D打印笔

第6课　我爱吃的 水果

一　课程时数

2课时(80分钟)

二　难度等级(1-7颗星)

★★★

三　跨学科融合

美术等艺术课程、品德与生活

四　情感、态度、价值观培养

热爱家庭、尊老爱幼、认识中华文化、热爱和平、注重实践

五　课程目标

- 【知识目标】
  借用工具填充做出立体图形
  纸模绘制
- 【能力目标】
  创新能力、动手能力、沟通能力、团队合作能力、解决问题的能力

六　课前准备

- 通用准备
  授课PPT
  作品道具
  将教师的电脑安装好投影仪，以便PPT展示
  打印课程大纲
  教师电脑安装播放器(选用)

- 3D 打印笔课程准备

　　白纸、铅笔（或纸模）
　　3D 打印笔
　　PLA 材料
　　耐高温透明板
　　拖线板（选用）
　　橡皮泥
　　纸团
　　透明胶带

 课程内容

- 情境导入

孔融让梨

　　孔融是孔子的二十世孙，东汉文学家。孔融小的时候和哥哥、弟弟的关系很好，一家人和和睦睦，相互谦让。有一天，爸爸摆了一盘梨让大家一起吃，孔融的哥哥让孔融先挑，结果他竟然只拿了一个最小的梨。爸爸看见了就故意问孔融："这么多的梨，又让你先拿，你为什么不拿大的，只拿一个最小的呢？"

　　孔融回答说："我年纪小，当然应该拿个最小的，大的留给哥哥吃。"

　　父亲又问他："你还有个弟弟呢？"孔融回答："我比弟弟大，我是哥哥，当哥哥的当然把大的留给弟弟吃。"

- 自我探究
  ◆ 同学们从这个故事中得到了什么启发，又学会了什么呢？
  ◆ 请同学们谈谈自己为有一个和谐的家庭与社会做过什么样的贡献。

第二单元 3D打印笔

● 简单任务模仿

步骤说明：

1. 发放橡皮泥、废纸及白纸给各小组。

2. 小组讨论创作梨子，并依据梨子的各部位，将梨子分为梨身、梨叶与其他元素。其中梨叶与其他创意元素需要绘制纸模，梨身用橡皮泥或者纸团捏出其填充模型并用透明胶带将表面包裹起来。

3. 依据纸模及模型各部位的大小合理分配3D打印笔绘制任务。

4. 在纸模上覆盖好耐高温透明板，并用3D打印笔在耐高温透明板上绘制出纸模上的各组成部分。

5. 梨身直接用3D打印笔在填充模型上制作外型。

6. 待冷却后，将绘制好的各组成部分图形从耐高温透明板上取下。

7. 团队合作，将3D打印笔绘制好的各组成部分按照正确的角度用3D打印笔拼接梨子造型。

● 个性飞扬——创意乐园

我们学习了如何借助其他物品作为填充模型制作一个梨子，同学们在熟练掌握填充技巧后，可以思考更多的填充方式，自由创作最喜欢吃的水果造型。

● 小组讨论与分享
◆ 分享你喜欢的水果,并说说喜欢的原因以及水果中含有哪些元素。
◆ 分享不一样的填充方法。
◆ 谈谈创作过程中遇到的难点及解决方法。

问题的解决有多种方式,找到一种简单又适合自己的方式,并分享给他人,就是一种快乐!

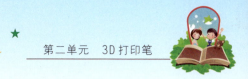

第二单元 3D打印笔

第7课 哆啦A梦机器猫

一 课程时数

3课时(120分钟)

二 难度等级(1-7颗星)

★★★

三 跨学科融合

美术、语文、品德与生活、数学

四 情感、态度、价值观培养

尊重他人、自尊自信、探究和创新意识、注重实践

五 课程目标

● 【知识目标】
从平面到立体的思维转变
简单形状的拼接
在完整作品上作画
纸模绘制

● 【能力目标】
创新能力、动手能力、沟通能力、团队合作能力、解决问题的能力

六 课前准备

● 通用准备
授课PPT
作品道具
将教师的电脑安装好投影仪,以便PPT展示
打印课程大纲

教师电脑安装播放器(选用)
- 3D 打印笔课程准备

  白纸、铅笔(或纸模)

  3D 打印笔

  PLA 材料

  耐高温透明板

  拖线板(选用)

七 课程内容

- 情境导入

鲁 班 刻 凤

鲁班是鲁国著名的能工巧匠,他还被奉为木匠的祖师爷呢。那时,鲁班还不出名,正在雕刻一只凤凰,还没有完全刻好,当然也没有上色。

有的人看到他刻的凤头就瘪瘪嘴说:"简直像只难看的鹈鹕(tí hú),哪里是什么百鸟之王啊!"

有的人看到他刻的凤身,又挖苦说:"不会刻就待在一边,怎么把凤凰刻成鸡一样呢?"

等到鲁班把凤凰刻成,并且上了色,那凤凰可美呢!碧绿的冠子高耸,大红的脚爪闪亮,锦绣般的羽毛光彩夺目。

等到鲁班把凤凰的眼睛涂上颜色的时候,它突然振翅高飞,鸣声悦耳,在栋梁之间翻腾回旋。

这时候,人们纷纷改变了看法,赞叹鲁班雕刻的凤凰异常神奇,称颂鲁班的技艺高超。

- 自我探究

  ◆ 同学们从这个故事中学到了什么做人的道理呢?

  ◆ 同学们从鲁班创作凤凰的过程中又学会了什么呢?

- 简单任务模仿

今天我们的创作主题是哆啦 A 梦(机器猫),请各位同学拿出鲁班创作作品时的专注,在制作哆啦 A 梦的五官时,也要学习鲁班在凤凰表面涂色的精湛技艺。

第二单元　3D打印笔

步骤说明：
1. 发放哆啦A梦的纸模给各小组；
2. 小组讨论合理分配3D打印笔绘制任务；
3. 在纸模上覆盖好耐高温透明板，并用3D打印笔在耐高温透明板上绘制出纸模上的各组成部分；
4. 待冷却后，将绘制好的简易图形从耐高温透明板上取下；
5. 团队合作，将3D打印笔绘制好的各组成部分，按照正确的角度用3D打印笔拼接哆啦A梦造型。

● 个性飞扬——创意乐园

哆啦A梦用自己神奇的百宝袋和各种奇妙的道具帮助大雄解决各种困难，小组讨论：你们最喜欢的是它的什么道具呢？同学们熟练掌握从平面至立体形状拼接的功能之后，请给哆啦A梦设计新魔法道具，注意要先绘制新魔法道具的纸模。

● 小组讨论与分享
◆ 分享哆啦A梦新增功能的创作灵感和设计思路。
◆ 谈谈创作过程中遇到的难点及解决方法。

通过"从做中学"，从孩子的兴趣、习惯、经验和个性出发，开展创客教育教学活动，充分激发学生的个性和创新能力，满足学生多样化发展的需要。

第8课　回忆的时光 钟表

一 课程时数

2课时(80分钟)

二 难度等级(1-7颗星)

★★★

三 跨学科融合

美术、品德与生活、数学

四 情感、态度、价值观培养

注重实践、处理和运用、敢于竞争

五 课程目标

● 【知识目标】
多种形状的拼接
平面图形加厚操作
在完整作品上作画
纸模绘制

● 【能力目标】
自发探索的能力、动手能力、沟通能力、团队合作能力、解决问题的能力

六 课前准备

● 通用准备
授课PPT
作品道具
将教师的电脑安装好投影仪，以便PPT展示
打印课程大纲

第二单元 3D打印笔

- 3D打印笔课程准备

  教师电脑安装播放器(选用)

  白纸、铅笔(或纸模)

  3D打印笔

  PLA材料

  耐高温透明板

  拖线板(选用)

  圆规

  直尺

七 课程内容

- 情境导入

成功励志的小时钟

在一家钟表制造工厂里,一只新组装好的小钟表刚刚出生。它惊喜地看着这个世界,却不知道自己的工作是什么,于是它就去问两个已经工作了三年的钟表:"我的工作是什么,你们能告诉我吗?"

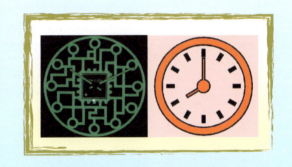

其中一只钟表看它个子那么小,就说:"你这个小个子,我看,你走完三千二百万次以后,恐怕便吃不消了。"

"三千二百万次?"小钟表非常吃惊,"要走这么多次?看来我是办不到了。"

另一只钟表对小钟表说:"别信它说的话,这并不是什么难事,你只要每秒滴答摆一下就行了。"

"这么容易?"小钟表将信将疑,"如果这样,我就试试吧。"

小钟表很轻松地每秒钟"滴答"摆一下,不知不觉中,一年过去了,它摆了三千二百万次。

- 自我探究

  ◆ 同学们由这个故事得到了什么启发?从中学会了什么?

  ◆ 请同学们回想一下,生活中,曾经与钟表之间发生过什么样的故事?

● 简单任务模仿

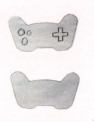

步骤说明：

1. 发放白纸给各小组；
2. 小组讨论富有创意、个性的钟表造型，并将钟表分为钟表表盘背景、时针、分针、底座几个部分，分工绘制表盘、装饰、时针、分针、底座的纸模；
3. 依据纸模各部位的大小合理分配3D打印笔绘制任务；
4. 在纸模上覆盖好耐高温透明板，并用3D打印笔在耐高温透明板上绘制出各组成部分；
5. 待冷却后，将绘制好的简易图形从耐高温透明板上取下；
6. 团队合作，将3D打印笔绘制好的各组成部分按照正确的角度用3D打印笔拼接钟表造型。

● 个性飞扬——创意乐园

在生活学习中，小钟表是我们必备的用品。除此之外，台灯也是我们生活学习中的必需品，大家在熟练掌握纸模创作分工合作之后，请自由创作个性台灯。

● 小组讨论与分享
   ◆ 分享学习生活中有趣的小故事。
   ◆ 谈谈创作灵感和设计思路。
   ◆ 说说设计创作过程中遇到的难点及解决方法。

 创客·小贴士

日常生活中的不便就是我们创意的来源，将不便变成方便，在这个过程中你就是一位小创客，享受创造过程的同时还能够不断地提升自己的创意能力与动手实践的能力。

 课后反思

第二单元　3D打印笔

第9课　我爱我的校园

 一　课程时数

4课时(160分钟)

 二　难度等级(1—7颗星)

★★★

 三　跨学科融合

美术、品德与生活

 四　情感、态度、价值观培养

热爱集体、乐观向上、信息搜集能力、注重实践、情感表达

 五　课程目标

- 【知识目标】
  多种形状的拼接
  平面图形加厚操作
  在完整作品上作画
  借用工具填充做出立体图形
  纸模绘制
- 【能力目标】
  自发探索的能力、解决问题的能力、创新能力、动手能力、沟通能力、团队合作能力、情感能力

 六　课前准备

- 通用准备
  授课PPT
  作品道具

将教师的电脑安装好投影仪,以便PPT展示

打印课程大纲

教师电脑安装播放器(选用)

● 3D打印笔课程准备

白纸、铅笔(或纸模)

3D打印笔

PLA材料

耐高温透明板

拖线板(选用)

 课程内容

● 情境导入

激烈足球比赛

我们的校园一年四季都是美丽的。春天,百花争艳,桃红柳绿;夏天,阳光明媚,绿树成荫;秋天,落叶飘飞,硕果累累;冬天,银装素裹,雪花如絮。我爱校园的四季。每一个季节里都有我们的欢声笑语;每个角落里都留下了难忘的回忆……

这个美丽的故事发生在今年春天,那是一场激烈的足球比赛。当我们知道对手是二(1)班的时候,大家议论纷纷:"啊?二年级?我们必败!""谁说的?上次我们不就赢了吗?"

比赛开始了!我班的五位球员像离了弦的箭一般冲了出去,都想为我方争得宝贵的一球。但由于我方的主力A队员不在场,平常在球场上异常凶猛的B队员此时也没有了昔日的威力,被对方硬生生地先灌进了一个球……

下半场开始,我方扎稳了脚跟开始大反攻。不好!二(1)班的一个球员带球绕过D队员的拦截,在这千钧一发的时刻,C队员急忙铲下了那个还未来得及发射的球,一脚传给中锋E队员,只见E队员飞一般地带球跳过了F队员倒下的身体,足球在空中划出了一道闪光的弧线,随即飞入了对方的大门!进了! 一(2)班的啦啦队员们欢呼雀跃。之后,C队员又带球连闯过两个二(1)班的队员,对方守门员被横飞过来的火箭般的足球弄了个猝不及防,又进了一个!同学们紧紧地抱住C队员又蹦又跳……

第二单元　3D打印笔

　　校园的故事是精彩纷呈的,校园的旋律是美妙动听的。我们就像祖国的花朵在校园里竞相开放,争奇斗艳!

- 自我探究
    - ◆ 同学们由这个校园故事感受到了什么?得到了什么启发?
    - ◆ 请同学们分享一下在校园生活中的有趣故事。
    - ◆ 小组讨论:选取你最喜欢的校园一角,仔细观察,并说明由哪些部分组成的。

- 简单任务模仿

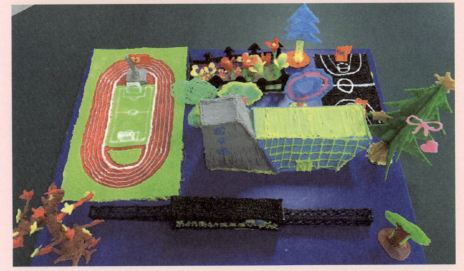

步骤说明：

1. 发放白纸给各小组；
2. 小组讨论创作校园的一角，依据校园该角落的实景，将其分为不同的组成部分，例如操场由跑道、草坪、旗杆、足球场、足球网等部分组成，确定主题后重点讨论重现该角落的尺寸设计；
3. 依据该角落的实景情况及尺寸绘制纸模；
4. 依据各部位的大小合理分配3D打印笔绘制任务；
5. 在纸模上覆盖好耐高温透明板，并用3D打印笔在耐高温透明板上绘制出纸模上的各组成部分；
6. 待冷却后，将3D打印笔绘制好的各组成部分图形从耐高温透明板上取下；
7. 团队合作，将3D打印笔绘制好的各组成部分按照正确的角度用3D打印笔拼接各小部位的造型；
8. 小组讨论定位各组成的小部位，最终拼摆完成校园角落的创意作品。

● 个性飞扬——创意乐园

每个人对自己的校园都有深深的情感，校园的每个角落都有我们自己的故事，同学们创作的是校园的哪个部分呢？小组作品完成后，为创意期末作品编写一首诗歌，集体朗诵展示，展现对自己校园的热爱之情。

● 小组讨论与分享

◆ 带上小组作品与诗歌，集体展示。
◆ 分享创作灵感和设计思路。
◆ 谈谈设计创作过程中遇到的难点及解决方法。

 创客小贴士

一个人的能量有限，团结起大家的能量，就会产生无限超能量！

 课后反思

第三单元　LOONGO软件

第1课　世界之塔

一　课程时数

2课时(80分钟)

二　难度等级(1-7颗星)

★

三　跨学科融合

美术等艺术课程

四　情感、态度、价值观培养

国际视野、探究和创新意识、敢于竞争

五　课程目标

- 【知识目标】
  形状设计
  功能：图形的添加、图形的复制、颜色选择、鼠标操作、视觉旋转、形状位移和拖动
  设计：等比例缩放、自定义选择颜色、图形相交和组合设计
- 【能力目标】
  自发探索的能力、创新能力、解决问题的能力、团队合作能力

六　课前准备

- 通用准备
  授课PPT
  作品道具

将教师的电脑安装好投影仪,以便 PPT 展示

打印课程大纲

教师电脑安装播放器(选用)

● 3D 打印机课程准备

安装 LOONGO 软件

运行正常的 3D 打印机

 课程内容

● 情境导入

纸牌搭塔(游戏)

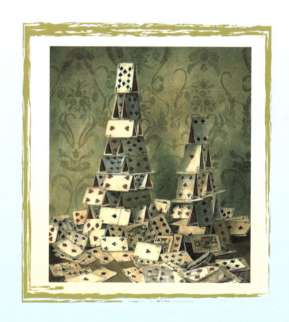

世界上很多城市都有标志性的建筑物,例如上海的东方明珠电视塔、日本的东京塔等。同学们所熟知的著名景点中也包含很多塔,你能说出你所知道的塔吗?

许多塔的建造结构都很相似,多以三角形外观为主,或以三角结构作为塔的内部支撑。为什么呢?下面我们一起来通过纸牌搭塔小游戏探索一下吧!

● 游戏规则:

1. 4~5 人一组。
2. 每组成员每次只能拿一张牌。
3. 轮流搭牌,一个人搭好之后才可以再次拿牌。
4. 搭牌方式可自行决定。
5. 限时 5 分钟。
6. 搭塔最高者获胜。

● 自我探究

◆ 请搭塔最高的小组分享操作的方法。

◆ 请同学们发散思维,思考还可以用什么方法来搭塔。

第三单元　LOONGO 软件

● 简单任务模仿

步骤说明：

形 状 设 计

1. 选中灰色，点击插入 Cube 模型，拉伸至适合大小，拖动至适合的位置，作为塔的第一层；

2. 选中蓝色，点击插入 Trapezoid 模型，拉伸至适合大小，拖动至第一层正上方；

3. 重复步骤 1、2 制作塔的其他层；

4. 选中蓝绿色，点击插入 Diamond 模型，拉伸至适合大小，拖动至适合的位置，作为塔的顶层；

5. 点击返回，保存模型。

50

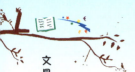

- 个性飞扬——创意乐园

　　现在，每个小组都是城市的设计师团队。苏州市需要建一座具有苏州文化特色的建筑物作为城市地标，请每个团队做出设计方案，并用3D建模软件做出模型。

- 小组讨论与分享
  - ◆ 分享团队的设计方案，说明创意来源。
  - ◆ 谈谈设计与3D打印过程中遇到的难点及解决方法。

　　学校的目标应当是培养有独立行动和独立思考的个人，不过他们要把为社会服务看作是自己人生的最高目标。

——爱因斯坦

第三单元 LOONGO软件

第2课  皮卡丘

一 课程时数

1课时(40分钟)

二 难度等级(1-7颗星)

★

三 跨学科融合

美术、品德与生活、科学

四 情感、态度、价值观培养

情感表达、交往与沟通、有责任心

五 课程目标

- 【知识目标】
  方块设计
  功能：导入图片、单方块创建、单方块移除、撤销、颜色选择、鼠标操作、视觉旋转
  设计：仿章复制、魔法之眼、单方块涂色、方框涂色、取色
- 【能力目标】
  自发探索的能力、创新能力

六 课前准备

- 通用准备
  授课PPT
  作品道具
  将教师的电脑安装好投影仪，以便PPT展示
  打印课程大纲
  教师电脑安装播放器(选用)

- **3D 打印机课程准备**

  安装 LOONGO 软件

  运行正常的 3D 打印机

七 课程内容

- 情境导入

小智和皮卡丘

宠物小精灵的世界是一个全新的生态,在这个世界里,你需要对你的精灵付出关心和爱护,它们才会成长,才会让你变得强大。宠物小精灵对孩子们"三观"的形成有着不小的帮助。《宠物小精灵》的主人公小智和皮卡丘就是一对好朋友,看看他们是怎么相识的吧。

男主角小智即将要携带宠物小精灵去旅行,但是因为晚上太兴奋睡得太晚,结果早上迟到了。来到了大木博士家时,原本心心念念想要的小火龙、妙蛙种子、杰尼龟都被其他人拿走了,只剩下了一只有点问题的神奇宝贝皮卡丘。虽然这个神奇宝贝有一点问题,但小智还是欣然接受了。他发现这只小精灵的模样非常可爱,伸手抱了一下,谁知道悲剧发生了,皮卡丘用 10 万伏特电击了小智。原来皮卡丘又叫电气鼠,性格内向,不喜欢和人亲近,未经同意触碰它,就会导致这种结果。

小智的妈妈和村里的一行人来给小智送行,小智想让皮卡丘进入精灵球,但是皮卡丘不乐意进去,所以就只能一路用绳子拉着它前进。其实小智是很喜欢皮卡丘的,但是小智跟它说话,它不愿意搭理,搞得小智很没有面子。

在前进过程中,小智看到了神奇宝贝波波,准备收服它,可是阴差阳错地惹怒了性格暴躁的烈雀,烈雀可不那么友好,会攻击人类和其他的神奇宝贝。一群烈雀追逐着小智和皮卡丘,皮卡丘受伤了。小智和皮卡丘被逼到了河边,情急之下,小智抱着皮卡丘跳进了河里。眼看烈雀就要追上,同样受伤的小智为了保护皮卡丘,拜托它赶快进入精灵球中,独自面对这群凶猛的烈雀。皮卡丘望着小智,决定奋力一搏,它跳到了小智肩膀上,然后又跳到了空中,使出了 10 万伏特电,借着雨水,将一大群烈雀都击败了。雨停了,一人一鼠躺在地上相视一笑,感情逐渐升温。

皮卡丘是个外冷内热的好精灵,跟它不熟的时候会觉得它很傲娇,但是一起经历过风雨之后,就会发现它为了自己关心的人会拼尽全力。

● 自我探究
   ◆ 为什么皮卡丘借着雨水使出十万伏特电击就能将一大群烈雀都击败?
   ◆ 同学们养过小动物吗?你是怎么跟小动物相处的?

● 简单任务模仿

步骤说明:

方 块 设 计

1. 从网上下载一张白色底色的皮卡丘图片,文件类型是 JPEG 格式;
2. 打开方块设计,在控制面板中点击"导入图像",在文件夹内找到已下载的皮卡丘图片,点击"打开"导入图片至设计平台中;
3. 选中单方块移除,将皮卡丘眼睛中的白色眼珠部分稍作修改;
4. 选中仿章复制,将皮卡丘耳朵黑色部分填高 4 层;
5. 选中灰色,选中油漆桶,点击白色背景部分,将白色背景涂成灰色;
6. 选中取色,点击皮卡丘腮红部分,色板中出现相应的颜色;
7. 选中单方块涂色,在图片最顶部用上一步所取的颜色写下"PIKACHU";
8. 选中红色,在图片左下角,绘制一个心形;
9. 点击返回,保存模型。

● 个性飞扬——创意乐园

同学们可以依据自己的喜好,导入自己喜欢的图片或照片,对其进行创意修改,要求修改后的图片立体模型层次分明。

● 小组讨论与分享

◆ 谈谈修改图片时如何确定凹凸高低。
◆ 谈谈设计与 3D 打印过程中遇到的难点及解决方法。

 创客小贴士

以目标结果导向来设计课程,目的是让学生学会探索达成目标的各种方法,在创客的课堂上,没有唯一的标准答案,老师要鼓励学生多思考,用不同的方法来解决问题。

 课后反思

第3课　快乐圣诞

一　课程时数

2课时(80分钟)

二　难度等级(1-7颗星)

★★

三　跨学科融合

美术、品德与生活

四　情感、态度、价值观培养

乐于助人、尊重他人、协作与分享、国际视野

五　课程目标

● 【知识目标】
形状设计
功能：图形的复制、颜色选择、显示尺寸、绘制图形、鼠标操作、视觉旋转、形状位移和拖动
设计：自定义选择颜色、旋转手柄、自定义更改尺寸、图形的绘制、图形的拉伸和收缩、图形相交和组合设计、捕捉

● 【能力目标】
沟通能力、情感能力、团队合作能力

六　课前准备

● 通用准备
授课PPT
作品道具
将教师的电脑安装好投影仪，以便PPT展示
打印课程大纲

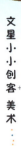

教师电脑安装播放器(选用)
- 3D 打印机课程准备
安装 LOONGO 软件
运行正常的 3D 打印机

 课 程 内 容

- 情境导入

圣诞树小故事

有个善良的农民,圣诞节那天热情地招待了一名流浪的孩子。临别时,孩子折下一根树枝插在地上,指着树枝对农民说:"每年今日,树上都会长满礼物和球,以报答你们的盛情。"

小孩走后,农民发现那树枝竟变成了一棵小树,他才明白自己接待的原来是一位上帝的使者。在西方,不论是否是基督徒,过圣诞节时都要准备一棵圣诞树,以增加节日的欢乐气氛。圣诞树一般用杉柏之类的常绿树做成,象征生命长存。树上装饰着各种灯烛、彩花、玩具、星星,挂上各种圣诞礼物。圣诞之夜,人们围着圣诞树唱歌跳舞,尽情欢乐。

- 自我探究
  ◆ 请同学们回忆一下,在这一年里,曾经有谁帮助过你?
  ◆ 分享一下过圣诞节的时候,要以什么样的方式来感恩他人对你的帮助?

第三单元 LOONGO 软件

● 简单任务模仿

步骤说明：

形状设计

【方法一】

1. 选中绿色，点击插入 Cone 模型，再复制两个，自定义更改尺寸至适合大小，拖动至适合的位置，作为圣诞树的主体；

2. 选中黄色，点击插入 Pointed Star 模型，拉伸至适合大小，拖动至圣诞树主体顶部；

3. 选中棕色，点击插入 Cylinder 模型，拉伸至适合大小，拖动至圣诞树主体底部；

4. 任意选择多种形状，颜色自定义，选中各形状，使用捕捉功能，吸附在圣诞树主体表面，作为圣诞树的装饰。

【方法二】

1. 选中绿色，点击绘制，用鼠标绘制出半个圣诞树的形状；

2. 选中上一步绘制出的半棵圣诞树，再复制三棵，使用旋转手柄旋转至垂直角度，拖动至适合的位置，拼接成圣诞树的主体；

3. 选中黄色，点击插入 Cylinder 模型，拉伸至适合大小，拖动至圣诞树主体顶部；

4. 选中粉色，点击插入 Cube 模型，拉伸至适合大小，拖动至圣诞树主体底部；

5. 点击返回，保存模型。

58

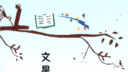

- 个性飞扬——创意乐园

齐心协力：用什么方法才能让我们每个人设计的小树在3D打印机打印出来之后组合成一棵大的圣诞树呢？

- 小组讨论与分享

◆ 分享曾经帮助别人或者受人帮助的小故事。快过圣诞节了，请说说要以什么样的方式来感恩他人？

◆ 如果全班一起做一棵大树，如何制作模型？在打印出来之后，使用什么方法可以将全班同学的作品拼接成大树？

◆ 谈谈设计与3D打印过程中遇到的难点及解决方法。

每个人手中的资源都是有限的，要学会整合可利用的资源，才能将资源的效用发挥到最大，做出更完美的作品。

第三单元　LOONGO 软件

第4课　星星点灯

一　课程时数

2 课时(80 分钟)

二　难度等级(1—7 颗星)

★★★

三　跨学科融合

美术、品德与生活

四　情感、态度、价值观培养

乐于助人、情感表达

五　课程目标

● 【知识目标】
　多种形状的拼接
　平面图形加厚操作
　在完整作品上作画
　借用工具填充做出立体图形
● 【能力目标】
　沟通能力、情感能力、团队合作能力、创新能力、解决问题的能力

六　课前准备

● 通用准备
　授课 PPT
　作品道具
　将教师的电脑安装好投影仪,以便 PPT 展示
　打印课程大纲

60

- 3D打印机课程准备

  教师电脑安装播放器(选用)

  白纸、铅笔(或纸模)

  3D打印笔

  PLA材料

  耐高温透明板

  拖线板(选用)

七 课程内容

- 情境导入

圣诞节的意义

圣诞老人原名叫尼古拉,在公元4世纪的时候,出生在小亚细亚巴大拉城,家庭富有,可惜不幸父母早逝。尼古拉长大以后,把丰富的财产全部捐送给了贫苦可怜的人。他一生当中,做了很多慈善的工作,他最喜欢在暗中帮助穷人。圣诞老人是他后来的别号,这个名字出自他暗中送钱,帮助三个女孩子的故事。

据说在尼古拉住处不远的地方,住着三位美丽的少女,父亲是一位清寒的学者,经常靠借贷来过日子。有一次,因为没有能力还债,只好狠心把三个女儿卖给债主带到非洲去做女仆。三个女儿知道了这件事情,便拥抱在一起伤心地痛哭着。尼古拉知道了这件事,到了夜里,他就装了三只长袜子的金子,偷偷地挂在三个少女的窗前。她们有了金子,还清了父亲欠的债,一夜之间就摆脱了做女仆的命运。第二天正是圣诞节,她们知道是尼古拉做的好事,便请他来当面感谢。以后每到圣延节,这三个少女就讲这个故事给大家听。孩子们听了,非常羡慕,也希望圣诞老人能送给自己一袜子礼物。

- 自我探究
  - ◆ 通过这个故事,同学们知道圣诞节真正的意义是什么了吗?
  - ◆ 圣诞节到来之际,同学们想通过什么方式来帮助他人呢?

第三单元　LOONGO 软件

● 简单任务模仿

步骤说明：

3D 打 印 笔

1. 使用 3D 打印机打印"快乐圣诞"一课程里使用 LOONGO 软件设计的小圣诞树；

2. 使用 3D 打印笔将打印的圣诞树模型拼接在一起，组成一棵大的圣诞树；

3. 做出圣诞树的底部支撑，将圣诞树和底部支撑拼接在一起；

4. 小组分工，使用 3D 打印笔制作各种各样的小礼物、糖果、袜子、小铃铛等装饰；

5. 将所有的小装饰粘在圣诞树上。

● 个性飞扬——创意乐园

使用3D打印笔,做一张特别的贺卡,送给老师、亲人或者同学。

● 小组讨论与分享

◆ 讨论以前同学们都是怎么过圣诞节的。
◆ 看了尼古拉的小故事,同学们知道圣诞节的真正意义是什么吗?
◆ 谈谈在全班同学合作的过程中遇到什么困难,是如何解决的。

创客不是单枪匹马的勇士,而是一群志同道合、互相帮助的好朋友。

——Nomiku 创始人 Lisa Qiu

第三单元　LOONGO 软件

第 5 课　愤怒的小鸟

一　课程时数

2 课时（80 分钟）

二　难度等级（1—7 颗星）

★★★

三　跨学科融合

美术、物理

四　情感、态度、价值观培养

探究和创新意识、注重实践

五　课程目标

- 【知识目标】
  玩具设计
  功能：图形的添加、图形的复制、颜色选择、鼠标操作、视觉旋转、形状位移和拖动
  设计：旋转手柄、等比例缩放、图形的拉伸和收缩、图形相交和组合设计
- 【能力目标】
  自发探索的能力、创新能力

六　课前准备

- 通用准备
  授课 PPT
  作品道具
  将教师的电脑安装好投影仪，以便 PPT 展示
  打印课程大纲

64

教师电脑安装播放器(选用)
- 3D 打印机课程准备
安装 LOONGO 软件
运行正常的 3D 打印机

七 课程内容

- 情境导入

弹弓的由来

弹弓在我国古已有之。古代有一种叫"射"的工具,就是弹弓。《吴越春秋》卷九所载《弹歌》,"断竹、继竹,飞土、逐肉",描写的就是古人用弹弓射中鸟兽的过程。古代传说及古人的笔记、小说中都有弹弓的记录或描写。古代的弹弓是弓式弹弓,形状原理和射箭的弓一样,只是弓弦中间多了一个弹兜,击发时持弓手要有一个转动的动作,以避免被弹丸击中。古人还有一种说法:"弩生于弓,弓生于弹。"(见《吴越春秋》)这里的"弹",指的就是弹弓。除了狩猎飞禽和兔子一类的小动物,由于弹弓较弓箭更易携带,在民间流传较广,也是许多武侠小说中武林人士的暗器,如《儿女英雄传》中的十三妹使的就是弹弓。

弹弓的射击基本原理和其他射击项目一样,都是三点一线:皮兜—弓架中间—目标。有人射击时直接将皮兜(后手)定位于眼前并闭另一只眼,这种动作的缺点是拉距短,难以发挥皮筋威力,皮筋突然断裂回弹也可能伤到眼睛。典型的瞄打法:后手定位于腮部,拉距、瞄准通过前手——持弓手来调整。

- 自我探究
  ◆ 在游戏《愤怒的小鸟》中,用小鸟射击猪时都使用了哪些射击技巧?

● 简单任务模仿

步骤说明：

形 状 设 计

1. 选中绿色，点击插入 Curved Block 模型，侧视角度，选中目标模型点击加厚按钮，垂直反向将模型压成扁状，拉伸至正方形，作为底座；

2. 选中红色，点击插入 Eye with Lids 模型，拉伸至适合大小，作为小鸟的身体；

3. 复制已有的小鸟身体，与第一个拼接成圆形；

4. 再次复制已有的小鸟身体，选择白色，放入小鸟身体下方，作为小鸟的肚子；

5. 选中白色，点击插入 Eye 模型，拉伸至适合大小，拖动至小鸟的头部，并复制一个相同大小的，拖动至适合位置，作为小鸟的眼球；

6. 选中黑色，点击插入 Eye 模型，拉伸至适合大小，拖动至眼球的位置，并复制一个相同大小的，拖动至适合位置，作为小鸟的眼珠；

7. 选中黑色，点击插入 Sunroof 模型，拉伸至适合大小，拖动至眼睛上方，作为小鸟的眉毛；

8. 选中黄色，点击插入 Beak 模型，拉伸至适合大小，作为小鸟的嘴巴；

9. 选中红色，点击插入 Raindrop 模型，拉伸至适合大小，作为小鸟的短毛；

10. 选中黑色，点击插入 Raindrop 模型，拉伸至适合大小，作为小鸟的尾巴；

11. 选中棕色，点击插入 Eyebrow 模型，拉伸至适合大小，垂直角度放置，作为弹弓的弓臂；

12. 选中棕色，点击插入 Wink Eye 模型，拉伸至适合大小，垂直角度放置，作为弹弓的弓架；

13. 选中肉粉色，点击插入 Wink Eye 模型，拉伸至适合大小，拖动至弓架中间，作为弹弓的皮筋；

14. 选中棕色，点击插入 Crown 模型，拉伸至适合大小，拖动至弹弓旁边，作为篮筐；

15. 复制三个 Crown，重叠放置；

16. 点击返回，保存模型。

- 个性飞扬——创意乐园

依据同学们总结出的弹弓射击原理，小组讨论后设计一款射击威力最大的弹弓，使用3D打印机打印出来后进行小组比试。

- 小组讨论与分享
  - ◆ 讨论哪些因素影响弹弓的射击威力。
  - ◆ 分享创作灵感和设计思路。
  - ◆ 谈谈设计与3D打印过程中遇到的难点及解决方法。

 创客小贴士

融合各类学科知识，将知识转变为实际应用，将想法变为现实，才是创客教育的最终目的。

 课后反思

第三单元 LOONGO 软件

第6课 >>> 萌萌的 HELLO KITTY >>>

一 课程时数

2课时(80分钟)

二 难度等级(1-7颗星)

★★★

三 跨学科融合

美术、品德与生活

四 情感、态度、价值观培养

热爱家庭、孝敬父母

五 课程目标

● 【知识目标】
形状设计
功能：图形的复制、颜色选择、显示尺寸、绘制图形、添加文本、鼠标操作、视觉旋转、形状位移和拖动
设计：旋转手柄、等比例缩放、图形的绘制、图形的拉伸和收缩、图形相交和组合设计

● 【能力目标】
自发探索的能力、情感能力、解决问题的能力

六 课前准备

● 通用准备
授课PPT
作品道具
将教师的电脑安装好投影仪，以便PPT展示
打印课程大纲

教师电脑安装播放器(选用)
- **3D 打印机课程准备**

  安装 LOONGO 软件

  运行正常的 3D 打印机

  课 程 内 容

- 情境导入

Hello Kitty 的一家

爸爸

George White(乔治·怀特)是一位可靠且又有幽默感的好爸爸,他十分重视家庭,非常疼爱小孩子,最爱抽大烟斗儿。放假时,爸爸会开车载着家人一起去探望爷爷奶奶。

妈妈

Mary White(玛丽·怀特)是一位慈祥的妈妈,充满爱心和温柔,她是全能的家庭主妇,喜爱种花、烹饪和布置房间,Kitty 最喜欢吃妈妈亲手做的苹果派。

双胞胎妹妹

Mimmy(咪咪)是 Kitty 的双胞胎妹妹,她头戴着粉黄色蝴蝶结,很讨人喜欢,个性很害羞,也很恋家,喜欢跟奶奶学习做手工艺,常常会幻想长大成为一位幸福的新娘子。

爷爷

Antony White(安东尼·怀特)是一个很有学问的爷爷,曾去很多地方旅行,很爱画画,常戴着画具到处去画画,经常说好听的故事给 Kitty 和 Mimmy 听。

奶奶

Magaret White(玛格丽特·怀特)最会做好吃的布丁,平常喜欢坐在摇椅上做手工艺和刺绣。

- 自我探究

请同学们分享一下:家庭里都有哪些成员?你们的关系如何?都举办过什么家庭活动?

● 简单任务模仿

步骤说明：

形 状 设 计

1. 选中蓝色,点击插入 Hexagon,拉伸至适合大小,插入图形作为底座；

2. 选中红色,点击文本,分别输入"Hello"和"Kitty"拉伸至适合大小,拖放至六边形的相邻两边侧面；

3. 选中橘红色,点击插入 Sphere 模型,拉伸至椭圆形,调整大小,插入图形作为身体；

4. 选中白色,点击插入 Sphere 模型,拉伸至适合大小,插入图形作为双脚和头；

5. 选中白色,点击插入 Cone 模型,拉伸至适合大小,插入图形作为双手；

6. 选中红色,点击插入 Circle 模型,拉伸至适合大小,插入图形作为蝴蝶结两端；

7. 选中黄色,点击插入 Sphere 模型,拉伸至适合大小,插入图形,拖放至适合位置作为蝴蝶结中心；

8. 选中黑色,点击插入 Circle 模型,拉伸至椭圆,调整大小,插入图形作为眼睛；

9. 选中深灰色,点击插入 Circle 模型,拉伸至椭圆,调整大小,插入图形作为鼻子；

10. 点击返回,保存模型。

- 个性飞扬——创意乐园

同学们熟练掌握各项功能之后,可以自由设计富有个性的创意手办。

- 小组讨论与分享
  - ◆ 分享家庭生活的小故事。
  - ◆ 谈谈创作灵感和设计思路。
  - ◆ 说说设计与3D打印过程中遇到的难点及解决方法。

家庭教育对孩子生活、学习、成长的影响不容小觑,将创客文化融入家庭教育有助于提升学生的自发探索能力和情感能力。

第7课 各种各样的房子

一 课程时数

2课时(80分钟)

二 难度等级(1-7颗星)

★★★★

三 跨学科融合

美术、品德与生活、工程结构

四 情感、态度、价值观培养

保护环境、爱惜资源

五 课程目标

● 【知识目标】
  方块设计
  功能：图形的添加、单方块创建、单方块移除、方框创建、方框移除、撤销、颜色选择、鼠标操作、保存
  设计：仿章复制、单方块涂色、方框涂色、油漆桶、取色、空间搭建
● 【能力目标】
  自发探索的能力、团队合作能力、创新能力

六 课前准备

● 通用准备
  授课PPT
  作品道具
  将教师的电脑安装好投影仪，以便PPT展示
  打印课程大纲

72

教师电脑安装播放器(选用)
- **3D 打印机课程准备**
安装 LOONGO 软件
运行正常的 3D 打印机

七 课程内容

● 情境导入

创意环保屋

随着科技的进步,生活方式的改变,人们从过去砍伐树木建造房子,到后来用钢筋水泥建造房子,再到现在开始注重使用环保材料建造房子。世界上举办了很多和环保相关的设计大赛,大赛中出现了许多优秀的环保屋作品,除了使用环保材料这一特点以外,其外观设计也独树一帜。那么,环保屋都具备哪些特点呢?

首先是节能,提高对自然界既有资源的利用率,同时采用环保隔热的建筑材料以及最先进的环保节能家电设备等。例如,室内的通风换气系统采用自然换气与机器换气相结合;房屋设计成透光结构,可大量采用自然光;照明设备全部用 LED 节能灯;卫生间等全部采用节水设施;等等。

其次是"创能、蓄能",就是通过大量采用燃料电池、太阳能等清洁能源,获得日常生活中所必需的一些能源,并通过蓄电装置将多余能源储存起来,以备不时之需。

上图中的 ADEX 环保屋,是从生态环保系统中开发出来的预制连锁系统,也是另一种能够自给自足的房子。它可以方便地安装在任何地方,能根据地理位置的不同,不断变化,并且使用可再生资源,包括太阳能发光板、太阳能热水器、雨水储存器、废水回收利用系统等。除此之外,房屋本身也是可以回收的。

● 自我探究
  ◆ 同学们还知道哪些节能环保的生活设施?
  ◆ 同学们对图中的房屋设计有什么看法?

● 简单任务模仿

步骤说明：

方块设计

1. 选中粉红色，选中方框创建，平铺一层与设计平台相同大小的方框，作为地板；
2. 选中其他颜色，选中方框涂色，改变地板的不同色块；
3. 分别点击双人沙发、窗框×2、镂空窗、书架、楼房、方桌，插入图形，拖放至适合位置；
4. 选中咖色，选中单方块创建，选择1号方块，在最外围建一层方块，作为墙体第一层；
5. 选中仿章复制，点击上一步建好的一层方块上方，将墙体复制到最高；
6. 选中方框移除，在建立好的墙体一处移除一块，作为门框；
7. 选中黑色，选中单方块创建，选择1号方块，在门框内侧，做一个门；
8. 选中灰色，选中单方块创建，选择1号方块，在门上做一个把手；
9. 点击返回，保存模型。

● 个性飞扬——创意乐园

同学们希望自己的未来生活是什么样的？通过自己的想象，团队依据需求来设计一个"未来之家"，提出设计方案，并用"方块设计"建立三维模型。

● 小组讨论与分享

◆ 讨论设计环保屋的结构、内置环保用品。
◆ 分享创作灵感和设计思路。
◆ 谈谈设计与3D打印过程中遇到的难点及解决方法。

为了在教学上取得预想的结果，单是指导学生的脑力活动是不够的，还必须在他身上树立起掌握知识的志向，即创造学习的诱因。

——赞科夫

第三单元　LOONGO 软件

第8课　疯狂动物城

一　课程时数

4课时（160分钟）

二　难度等级（1-7颗星）

★★★★

三　跨学科融合

美术、自然、品德与生活

四　情感、态度、价值观培养

热爱大自然、真爱生命

五　课程目标

- 【知识目标】
  熟练使用形状设计、玩具设计、方块设计中的各项功能，独立完成完整的作品
- 【能力目标】
  自发探索的能力、解决问题的能力、创新能力、沟通能力、团队合作能力、思考能力

六　课前准备

- 通用准备

  授课PPT

  作品道具

  将教师的电脑安装好投影仪，以便PPT展示

  打印课程大纲

  教师电脑安装播放器（选用）

76

- **3D打印机课程准备**

  安装LOONGO软件

  运行正常的3D打印机

 课 程 内 容

- 情境导入

理想拍卖会(游戏)

　　理想是人生路上的明灯,为你照亮前行的道路;理想是人生十字路口的路标,为你指明前进的方向。我们所有人从小就怀有理想,并且一生都在为自己的理想奋斗着。如果给你一次机会可以用钱来拍卖理想,你愿意花多少钱来"买到"自己的理想呢?

　　一学期即将结束,作为小创客,你的理想又有什么与众不同呢?下面我们一起来玩一个小游戏——理想拍卖会。

- 游戏规则:

1. 每人手中有10张100元,共1000元。
2. 老师列出15个有意思的理想,让大家竞拍。
3. 起步价为100元,喊价以100元的倍数往上加价,直到喊3次无人竞价为止。
4. 最终只有15位同学可以拍到理想。

- 自我探究

　　◆ 请拍到理想的同学上台说说为什么愿意出高价拍这个理想。

　　◆ 请其他同学分享自己的理想,并谈谈愿意付出哪些努力去实现自己的理想。

- 简单任务模仿

第三单元　LOONGO软件

步骤说明：

1. 每个小组选择一个种类的动物，例如两栖类、爬行类、哺乳类、食草类、食肉类、猛兽动物、飞禽类等；
2. 使用LOONGO软件的任意设计模块（形状设计、玩具设计、方块设计）制作三维模型；
3. 任务分工包括动物城的动物、植物、食物、建筑物、娱乐场所、住所、水源等。

● 个性飞扬——创意乐园

为自己的创意作品编写一个有故事情节的剧本，用情景剧的方式在班级里演出。

● 小组讨论与分享

◆ 小组讨论整个动物城的规划，结合现实生活，设计城市所需。
◆ 分享创作灵感和设计思路。
◆ 谈谈设计与3D打印过程中遇到的难点及解决方法。

每一个小创客心中都有一个梦想，创客老师不可辜负孩子们的创意和激情。

第四单元 文星小创客

 孩子们 的状态

R01 软件界面说明

序号	设计模块	名　称	图　示	说　明
1	形状设计 玩具设计 方块设计	控制面板		包含所需的所有基本设计功能菜单
2	形状设计 玩具设计 方块设计	收起控制面板		打开/收起控制版面
3	形状设计 玩具设计 方块设计	色板		选中目标模型后可点击色板改变颜色，选中颜色后点击插入相应颜色的模型
4	形状设计 玩具设计 方块设计	自定义色板		双击色板的任意颜色后，出现自定义色板
5	形状设计 玩具设计 方块设计	颜色拾取器		在自定义色板内，选中后可在软件界面内任意地方选取颜色
6	形状设计 玩具设计 齿轮设计 角色设计	功能答疑		每个模块的基本操作解释
7	形状设计 玩具设计 齿轮设计 涂鸦设计	撤销		撤销上一步骤
8	形状设计 玩具设计	旋转手柄		选中后开启旋转手柄功能
9	形状设计 玩具设计	等比例缩放锁定		选中后开启等比例缩放功能
10	形状设计 玩具设计 齿轮设计	尺寸		选中后点击目标模型，显示模型最外围尺寸
11	形状设计 玩具设计 方块设计	菜单键		俯视角度，选中目标模型后方会出现；选中后会依次出现删除、布尔运算、吸附和镜像按钮 　　注：在玩具设计中只有勾选高级控制后才会显示

续表

序号	设计模块	名　称	图示	说　明
12	形状设计 玩具设计 方块设计 齿轮设计	删除		删除选中的模型
13	形状设计	布尔运算		选中后会依次出现求差运算和求交运算
14	形状设计	求差运算		两模型相交,去除选中模型部分,留下剩余部分
15	形状设计	求交运算		两模型相交,留下相交部分,去除剩余部分
16	形状设计 玩具设计	捕捉		选中后,目标模型在接近其他模型时只会在其他模型表面移动,不会产生相交
17	形状设计 玩具设计 方块设计	翻转		选中后,目标模型会与之前方向对称相反
18	形状设计 玩具设计 方块设计 齿轮设计	平面旋转		俯视角度,选中目标模型后方会出现,选中后,可在该视角的二维平面旋转目标模型。 注:在玩具设计中只有勾选高级控制后才会显示
19	形状设计 玩具设计	倾斜功能		俯视角度,选中目标模型后方会出现,选中后,拉伸该模型会以影子变化规律倾斜移动。 注:在玩具设计中只有勾选高级控制后才会显示
20	形状设计 玩具设计 方块设计	任意缩放		俯视角度,选中目标模型后方会出现,点击拉伸模型可任意缩放 注:在玩具设计中只有勾选高级控制后才会显示
21	形状设计 玩具设计 齿轮设计	等比例缩放		俯视角度,选中目标模型后方会出现,点击拉伸模型可等比例缩放 注:在玩具设计中只有勾选高级控制后才会显示
22	形状设计 玩具设计 方块设计	加厚		侧视角度,点击拉伸目标模型,可垂直方向拉伸该模型

续表

序号	设计模块	名 称	图 示	说 明
23	形状设计 玩具设计 方块设计	垂直拖动		侧视角度,点击拖动目标模型,可垂直方向移动
24	角色设计	属性选项卡		选中后,可更改人物的基本属性
25	角色设计	动画选项卡		选中后,可更改人物的动作
26	角色设计	关节选项卡		选中后,可更改人物的关节点角度
27	方块设计	上一步		点击返回上一步
28	方块设计	下一步		点击进入下一步
29	方块设计	单方块创建		选中后,在平台上绘制单个或单条方块
30	方块设计	单方块移除		选中后,可移除已有的单个或单条方块
31	方块设计	方框创建		选中后,在平台上绘制方框
32	方块设计	方框移除		选中后,可移除已有的方块
33	方块设计	仿章复制		选中后,可在现有方块一面复制一层一模一样的方块
34	方块设计	魔法之眼		选中后,点击目标模型,出现高级功能
35	方块设计	导入图片		点击导入 jpg.图片文件
36	方块设计	单方块涂色		选中后,选择需要更改的颜色,点击需要更改的模型,可更改单块或单条
37	方块设计	方框涂色		选中后,选择需要更改的颜色,点击需要更改的模型,可更改整方框

续表

序号	设计模块	名　称	图　示	说　明
38	方块设计	油漆桶		选中后,选择需要更改的颜色,点击需要更改的模型,可更改整个模型颜色
39	方块设计	取色		选中后,可选取平台上任意模型颜色
40	方块设计	保存		俯视角度,选中目标模型后方会出现,保存目标模型至模型库
41	齿轮设计	电源		表示原始电源源头
42	齿轮设计	齿轮齿变量设置		选中斜齿圆柱齿轮,点击该功能可更改齿轮参数设置
43	通用界面	返回按钮		点击返回上一界面
44	素材库	点赞		点赞他人作品
45	素材库	搜索		搜索特殊模型
46	作品查看	展开评论		点击展开输入评论框
47	作品查看	收起评论		点击收起输入评论框

LOONGO 软件图形名称对照表

序号	名称	图示	序号	名称	图示	序号	名称	图示
1	Right Hand		12	Curved Block		23	Flower	
2	Moustache		13	Cactus Body		24	Eyebrow	
3	Rubberman Arm		14	Vase		25	Leafy	
4	Speaker Ear		15	Rounded A-Frame Body		26	Wizard Hat	
5	Nose		16	Simple Eye		27	Mad Hatter	
6	Robot Art		17	Eyebrow		28	Flare Arm	
7	Flowerpot		18	Bunny Ear		29	Four Legged Body	
8	Bell Hand		19	Pig Nose		30	Ponytail with Bow	
9	Sunroof		20	Glasses		31	Eye	
10	A-Frame Body		21	Bendy Tube		32	Square Eye with Lids	
11	Eye with Lids		22	Tentacle		33	TV Head	

续表

序号	名称	图示	序号	名称	图示	序号	名称	图示
34	Beak		45	Ghost Body		56	Left arm	
35	Wink Eye		46	Crown	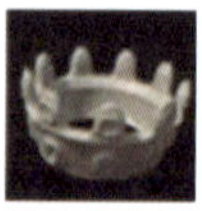	57	Circle	
36	Flare Legs		47	Crescent		58	Square	
37	Unicorn		48	Heart		59	Hexagon	
38	Raindrop		49	Fork		60	Pentagon	
39	Cartoon Wing		50	Mario Plant		61	Plus	
40	Hourglass Body		51	Makers Empire Top		62	Pointy Star	
41	Cross Eyes		52	Stick		63	5 Pointed Star	
42	Square Eye		53	Thumbs Up		64	Octopus	
43	Baseball Cap		54	Cactus		65	Squiggle	
44	Bunny Nose		55	Makers Empire M		66	V	

续表

序号	名称	图示	序号	名称	图示	序号	名称	图示
67	Triangle		78	Dodecahedron		89	Pipe Joiner	
68	Kite		79	Cone		90	Devo Hat	
69	Arrow		80	Tetashedron		91	Robot Bolt	
70	Right Angle Triangle		81	Cylinder		92	Odie Tongue	
71	Speech Bubble		82	Lcosahedron		93	Car Eyebrow	
72	Curvy Arrow		83	Diamond		94	Scoop	
73	Rectangle		84	Capsule		95	Wheel Pin	
74	Cube		85	Buckyball		96	Car Body	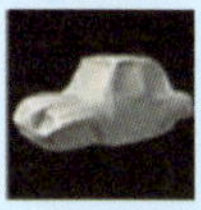
75	Trapezoid		86	Sphere		97	Garfield Ear	
76	Curved Block		87	Raindrop		98	Psuedo Line	
77	Robot Cockpit		88	Torus		99	Robot Hand	

续表

序号	名称	图示	序号	名称	图示	序号	名称	图示
100	Odie Ear		111	Simple Body		122	Robot Spider Leg	
101	Cat_tail		112	Controller		123	Robot Thigh	
102	Ringed Pipe		113	Tree		124	Filter	
103	Car Wheel		114	Pipe		125	Dagger	
104	Dial		115	Robot Cylinder		126	Cat Face	
105	Robot Tread		116	Rocket		127	Sunglasses	
106	Hammer		117	Garfield Eyelid		128	Super S	
107	Clip		118	Pipe 45 Bend		129	Funnel	
108	Garfield Eyes		119	Side Mirror		130	Notes	
109	Robot Chest	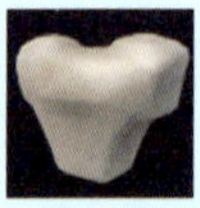	120	Cat Ear		131	Note	
110	Splat		121	Garfield Foot	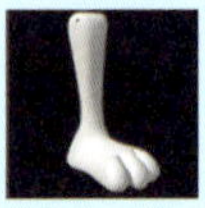	132	Robot Beam	

续表

序号	名称	图示	序号	名称	图示	序号	名称	图示
133	Styracosaurus		144	Pipe 90 Bend		155	楼房	
134	Shape		145	Wink Eye	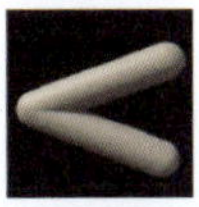	156	窗框	
135	Ponytail with Bow		146	Robot Aerial		157	书架	
136	Right arm		147	Robot Foot	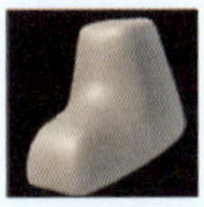	158	镂空窗	
137	Shape		148	Tooth		159	门框	
138	Simple Tentacle	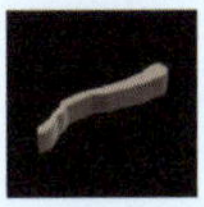	149	Robot Dog Head		160	大厦	
139	Mouth		150	Flame		161	长桌	
140	Warped Cone		151	Robot Head		162	小树	
141	Robot Torso		152	名牌		163	拉开办公抽屉	
142	Bitten		153	闭合办公抽屉		164	大树	
143	Pipe S bend		154	小红人		165	双人沙发	

续表

序号	名称	图示	序号	名称	图示	序号	名称	图示
166	单人沙发		173	复活岛巨人像		179	内齿轮柱	
167	方桌		174	手机壳		180	大章鱼	
168	小草		175	青蛙		181	阿凡达	
169	小花	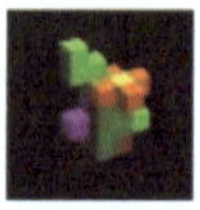	176	松鼠		182	大象	
170	斜齿圆柱齿轮		177	加菲猫		183	日式娃娃	
171	直齿圆柱齿轮		178	圆锥体		184	立方体	
172	锤子